*WENN LIEBE EXPLODIERT*

----------

# In der Liebe verborgen ist
# DIE WELTFORMEL

Das Titelbild habe ich bei der Fa. ClipDealer GmbH in 80336 München erworben und für meine Zwecke bearbeitet. Darüber hinaus habe ich ohne jegliche fremde Hilfe und nur mit den notwendigen Recherchen im Internetz dieses Buch in 2 Bänden selbst geschrieben und gestaltet.

Deshalb mag man mir nachsehen, dass es trotz mehrfachen Korrekturlesens wohl immer noch Unschärfen und formale Mängel geben wird, etwa die der Orthographie, der Grammatik, der ungewollten Wiederholungen und Flüchtigkeitsfehler.

Bibliografische Information der Deutschen Nationalbibliothek:
Die Deutsche Nationalbibliothek verzeichnet diese Publikation
in der Deutschen Nationalbibliografie;
detaillierte bibliografische Daten sind im Internet
über http://dnb.dnb.de abrufbar.

© 2018 Otto Bohnet

Herstellung und Verlag:
BoD - Books on Demand, Norderstedt

ISBN: 9783748127949

# Inhalt Band 1

- **EINE KURZE EINFÜHRUNG IN DIE 2-BÄNDIGE SCHRIFT ZUR LIEBE UND WELTFORMEL**..................7

- **PROLOG**..................11

- **GRUNDSÄTZLICHES**..................16
  - Einsteins große Irrtümer..................16
    - Krümmung des Raumes – die pure Phantasterei..........18
    - Der Raum – das Nichts und die Unendlichkeit.............21
    - Die Zeit und das Phänomen der Materie..................46
    - Die Lichtgeschwindigkeit..................59
    - Die Expansion..................71
    - Die Kosmologie..................84
  - Der Urknall, die Singularität und das Nichts..................89
  - Die beiden Ebenen Materie+Energie und Sein+Zeit..........93
  - Der Zufall und die Kausalität..................97
  - Die 4 Grundkräfte der Natur..................101
  - Die Arten der Intelligenz..................113
  - Was ist der Mensch und was die Gottheit..................118
  - Religionen, ihr Sinn und ihre Entartung..................139
  - Die 3 Dimensionen von Zeit..................144
  - Freiheit, die ich meine..................149
  - Der freie Wille - ein folgenschwerer Irrtum..................153
  - SOPHISMUS, das Wort als Totengräber von Wahrheit und Wirklichkeit..................163

# EINE KURZE EINFÜHRUNG IN DIE 2-BÄNDIGE SCHRIFT ZUR LIEBE UND WELTFORMEL

Mit Recht kann ich sagen, dass dieses Schriftwerk in 2 Bänden das mit Abstand aussagekräftigste und bedeutendste der gesamten Weltliteratur ist. Denn es behält auch für alle Ewigkeit seinen Wert und nicht nur für eine Epoche anerzogener Mode und Zeitströmungen, ist also nicht nach wenigen 1000 Jahren überholt und ungültig.

Sie finden hier die Antworten auf die größten Fragen, die sich der Menschheit seit etwa 5000 Jahren gestellt haben; das ist vorab mein Versprechen. Und es geschieht nur und ausschließlich ohne Wunderglauben, Phantasmen, Hokuspokus und sonstige alles-und-nichts-sagende Irreführungen mit dem Nostradamus-Effekt, sondern streng nach den von der Physik anerkannten Naturgesetzen. Die Fragen hierzu lauten:

- **Was ist die Kraft, die die Welt im Innersten zusammenhält? Was ist so denn die Urkraft?**

- **Was ist der Raum?**
- **Was ist die Zeit?**
- **Können sich Raum und Zeit krümmen, wie von Einstein behauptet?**

- **Welche Bedeutung hat das große Rätsel Liebe?**
- **Gibt es eine Gottheit bereits seit aller Ewigkeit, oder ist sie Teil erst von Zukunft?**

- Gibt es eine Antwort auf die größte Provokation für das Leben, den Tod?
- Gibt es folglich eine irdische Unsterblichkeit außerhalb der Wunder und Phantasmen eines nie nachweisbaren Jenseits?

- Was ist der Mensch und wohin geht er?
- Welche Arten der Intelligenz gibt es?
- Welche Bedeutung hat der Logos, das Wort?

- Was sind die Werte etwa des Friedens und der Freiheit, des freien Willens und der freien Meinung – ganz im Gegensatz zu den vorherrschenden Interpretationen der Gegenwart?

- Wie entstand die Sexualität, und welche verheerenden Folgen hat sie für die Menschen dort, wo sie nur einem Selbstzweck dient und ohne Liebe ist? (In unserer Gesellschaft wird jedoch die Sexualität penetrant mit Liebe verwechselt!)

Die Konsequenz des übernommenen Erbes aus dem Tierreich ist daher etwa das Fressen und Gefressenwerden, was für den Menschen aber zum Bösen wurde – das Böse, das da ist:

> die Aggression
> die kriminelle Energie
> die böswillige Manipulation
> die arglistige Täuschung
> die Gier
> die Habsucht
> das Maßlose
> der Raub und Raubmord
> die Vergewaltigung

**der Totschlag
der Mord
die Anstiftung zu Bürgerkriegen, Kriegen
und Völkermord**

Aber auch andere bedeutende Rätsel sind von mir gelöst worden, etwa die Sinnfrage um das biblische Grauen in der Geschichte von **Abraham und Isaak** und um das antike Drama **Orpheus und Eurydike**, woran sich die größten Geister vergeblich zu messen versucht haben.

Derart weitreichend waren sinnvolle Antworten jedoch nur möglich durch meine Erkenntnisse über die Liebe. Sie allein ist der Schlüssel für die Lösung vielschichtiger Probleme, vor die uns nicht nur die Gegenwart stellt, sondern auch noch die Zukunft stellen wird.

Warum ich jedoch nicht bereits einige hierfür fällige Nobelpreise bekommen habe? Meine Antwort: Ich verweigere die Annahme jeglicher Auszeichnung akademischer Art wie auch von Nobelpreisen.

Warum ich das mache? Das habe ich bereits vor Jahren in meinen inoffiziellen Schriften an Politik und Medien genau begründet, was ich zu meinem Bedauern hier allerdings nicht offenlegen darf – das armselige Zeugnis von der nur vorgetäuschten und prahlerisch aufgeblasenen Freiheit der Meinung und Literatur.
(Ohnehin sind meine Erkenntnisse keine Meinung, wie etwa die der Unwissenden, der Ahnungslosen und Gutgläubigen, sondern das **Wissen** von der unermesslichen Bedeutung für unser aller Leben.)

Schließlich – beachten Sie bitte, dass ich dieses Buch in 2 Bänden aus finanziellen Gründen ohne jegliche fremde Hilfe und nur mit den notwendigen Recherchen im Internetz selbst geschrieben und gestaltet habe. Deshalb mag man mir nachsehen und entschuldigen, dass es trotz vielfachen Korrekturlesens wohl immer noch Unschärfen und formale Mängel geben wird, etwa die der Orthografie, der Grammatik, der ungewollten Wiederholungen und Flüchtigkeitsfehler.

## ➢ PROLOG

### Die URKRAFT
– das zentrale Thema und Herz der Weltformel –

Sie ist das Chaos –
aber sie schafft neben dem Chaos auch die Ordnung,
neben dem Zufall die Kausalität.

Sie ist unvollkommen, weil sie das Chaos ist –
aber sie ist auch vollkommen,
weil sie die Ordnung hervorbringt und die Gottheit.

Sie ist leblos –
aber sie ist auch lebendig, sodass sie gleichermaßen
wirkt auf der Ebene lebloser Materie
wie auf der von lebendiger Zeit.

Sie ist ohne einen Anfang –
aber sie ist immer gegenwärtig seit aller Ewigkeit
und in alle Ewigkeit.

Sie wurde nie geboren und war vor allem Anbeginn –
aber sie macht, dass wir geboren werden
und erst sind nach allem Anbeginn.

Sie ist unsterblich – aber sie macht, dass wir sterben.

Sie ist unzerstörbar –
aber sie zerstört, zufällig und wahllos.

Sie ist unwandelbar und kann nicht untergehen –
aber sie macht, dass sich alles wandelt oder untergeht.

**Sie ist gleichbleibend seit vor allem Anbeginn und bis in alle Ewigkeit – aber sie macht die Dinge unbeständig und fließend: panta rhei.**

**Sie ist unsichtbar – aber sie offenbart sich uns in allen Dingen.**

**Sie hat keine Dimension – aber sie macht, dass etwas Dimensionen hat.**

**Sie ist kleiner als das Kleinste – aber sie schafft das Kleinste wie auch das Größte.**

**Sie ist nicht Materie und nicht Zeit – aber sie bringt hervor Materie und Zeit.**

**Sie ist ohne Gestalt – aber sie gibt uns eine Gestalt.**

**Sie hat keine Konturen und kein Gesicht – aber sie schafft Konturen und ein Gesicht.**

**Sie kann nicht schmecken – aber sie macht, dass wir schmecken können.**

**Sie kann nicht riechen – aber sie macht, dass wir riechen können.**

**Sie ist blind und taub – aber sie macht, dass wir sehen und hören.**

**Sie fühlt nicht – aber sie macht, dass wir fühlen.**

**Sie spricht nicht und ist ohne Worte – aber sie macht, dass wir Worte finden oder auch sprachlos sind.**

Sie ist schneller als der Blitz, sodass die Tat
und die Antwort darauf eins sind –
aber sie ist auch träger und behäbiger als der Lauf
von 1000 Jahren, sodass Not, Elend, Blut
und Tränen kein Ende nehmen.

Sie ist allmächtig –
aber sie macht, dass wir ohnmächtig sind.

Sie durchdringt alles –
aber sie macht, dass wir außen vor bleiben.

Sie ist allgegenwärtig und stetig –
aber sie macht, dass wir nur gegenwärtig sind und
flüchtig.

Sie ist ohne Interesse –
aber sie schafft das Interesse, dass etwas so ist,
wie es sein muss.

Sie ist ohne einen Grund –
aber sie schafft den Grund, dass etwas wird und ist,
wie es ist und wird.

Sie ist ohne Plan und sieht nichts vor –
aber sie schafft den Roten Faden sinnvoller Evolution,
und so wird aus ihrem Wirken dennoch eine
Vorsehung, die sich offenbart in unseren Visionen.

Sie hinterlässt ihre Spuren –
aber sie verwischt auch ihre Spuren und geht einen
ganz anderen Weg, den wir nicht erkennen
und dem wir nicht folgen können,
weil wir nicht mehr sind: die Vergänglichkeit, die sich
niederschlägt in unserem Leiden und Sterben.

**Sie berührt nicht, was geschieht –**
**aber sie macht, dass uns berührt, was geschieht.**

**Sie ist unbestechlich –**
**aber sie macht, dass wir bestechlich sind**
**und uns betören lassen.**

**Sie nimmt nichts wahr –**
**aber sie macht, dass wir etwas wahrnehmen.**

**Sie ist nicht intelligent und nicht dumm –**
**aber sie macht, dass wir verstehen**
**oder dem Unverstand erliegen.**

**Sie weiß nichts –**
**aber sie macht, dass wir etwas wissen.**

**Sie ist gnadenlos und ohne Erbarmen –**
**aber sie macht, dass wir uns erbarmen.**

**Sie ist gedankenlos –**
**aber sie macht, dass wir denken.**

**Sie ist ohne einen Willen –**
**aber sie macht, dass wir wollen.**

**Sie ist ohne Licht –**
**aber sie bringt uns das Licht.**

**Sie ist ohne Bewusstsein –**
**aber sie schafft uns das bewusste Sein.**

**Sie ist ohne ein Erkennen –**
**aber sie macht, dass wir erkennen.**

**Sie ist ohne Erkenntnis –**
**aber sie macht, dass wir Erkenntnisse haben.**

Sie ist nicht schön und nicht gut –
aber sie schafft das Schöne und das Gute.

Sie ist nicht gut und nicht böse –
aber sie schafft das Gute und das Böse.

Sie unterscheidet nicht zwischen Gut und Böse –
aber sie macht, dass wir unterscheiden
zwischen Gut und Böse.

Sie kennt nicht Liebe noch Geist –
aber sie schafft die Liebe und den Geist.

Sie ist ohne Liebe und ohne Hass –
aber sie macht, dass wir lieben und hassen.

Sie ist kein Gott –
aber sie schafft die Gottheit.

Sie ist nicht würdig, ein Gott zu sein,
und hat kein Charisma –
aber sie gibt der Gottheit die höchste Würde
und Erhabenheit, die majestätische Größe
und das unvergleichliche Charisma,
geprägt von Geist und Liebe.

-----

Die Urkraft ist die **QUANTENNATUR**,
bislang unzureichend als Quantenmechanik benannt,
siehe dazu fortführend im Band 2 das Kapitel
**DIE URKRAFT**.

## ➢ GRUNDSÄTZLICHES

„Fantasie ist wichtiger als Wissen,
denn Wissen ist begrenzt."[1]

und

„Zwei Dinge sind unendlich,
das Universum und die menschliche Dummheit,
aber beim Universum bin ich mir noch nicht ganz sicher."[2]

… so Einsteins Bekenntnisse.
Dem stehen gegenüber – peinlich, peinlich –

## EINSTEINS GROSSE IRRTÜMER

Kleine Irrtümer halten sich Momente, Tage, Wochen und Jahre, große Irrtümer überdauern Jahrzehnte und Jahrhunderte, die größten Irrtümer sind schon Tausend Jahre alt und älter.

Zunächst jedoch ein Hinweis: Für den Laien sind diese Kapitel zu Einsteins großen Irrtümern nur schwer oder gar nicht verständlich und vielleicht auch zu langatmig. Nur der wirklich Interessierte mag sie lesen. Und ohnehin

---

1  Aus **The Saturday Evening Post**, 26. Oktober 1929, zitiert auf en.wikiqote, Sekundär-Quelle: Wikiquote

2  1993 DUDEN **Zitate und Sprüche**, Band 12, ISBN 3411041218, Seite 577 (Dudenverlag), Sekundär-Quelle: Wikiquote

könnte mancher durch die Offenbarung von Einsteins Unvermögen derart geschockt sein, dass er, im Gegenteil, sein Misstrauen gegen mich richtet, indem er mir nicht mehr glauben will, meine Schriften beiseite legt und sie nie mehr anrührt. (Wäre schade.)

Zur Sache und damit auch zum Schisma (Spaltung) der Physik.
Dort heißt es, wegen der Allgemeinen Relativitätstheorie bestehe diese Spaltung in der Unvereinbarkeit der Quantentheorie und Gravitationstheorie. Die Überwindung dieser Spaltung sei das Ziel der **Theorie für Alles** (TFA), für also die Weltformel.

Dazu gab es Anfang 2010 einen bemerkenswerten Beitrag im Internetz-Lexikon Wikipedia, der sichtlich angeregt worden war durch meine umfangreichen inoffiziellen Schriften zur Theorie der Weltformel, die Politik und Wissenschaft weltweit bereits seit einigen Jahren bekannt sind. Dort hieß es, dass die bisherigen Schwierigkeiten bei der Überwindung der Spaltung der Physik darauf hindeuten, dass zum Erreichen dieses Ziels „eine radikale Änderung unseres Verständnisses der Natur, insbesondere von Raum und Zeit" notwendig sei.

Als ich Wochen später erneut nachschaute, um den Verfasser zu identifizieren, war der Eintrag jedoch wieder gelöscht, mit dem Hinweis, er sei schlecht gewesen. Die Wahrheit aber: Er widersprach entschieden Einsteins Relativitätstheorie und war daher nur sehr unangenehm!
Zudem zeigt es den jämmerlichen Zustand eines Werkes auf, hier konkret von Wikipedia, das einen streng objektiven und wissenschaftlichen Anspruch für sich erhebt.

## Krümmung von Raum und Zeit –
## die pure Phantasterei

Welch ein irres Bild ergeben Einsteins Phantasmen zur Krümmung von Raum und Zeit, wenn diese nach seiner Vorstellung eine Folge der Gravitation (der Schwerkraft) von Masse sein soll! (Gemeint ist hier die Masse von z.B. Sternen und Planeten.)
Man muss nicht mal die Wesenheit des Raumes kennen, um nicht doch schon mit den einfachsten Überlegungen seine grandiosen Fantasien als Trugschluss zu widerlegen.

Man betrachte zu meiner Kritik die Bewegungen der Planeten und erst recht die außergewöhnlichen Bahnen der Kometen, die im Bannkreis der Sonne sind, aber in einer langgestreckten Form diese Sonne umkreisen, zunächst dicht an sie herankommen und sie dann umrunden, worauf sie für bis zu Jahrhunderte und auch länger scheinbar im Nirgendwo wieder verschwinden, schließlich aber doch erneut sichtbar werden.

Reicht so denn die Delle, die von der Sonne nach Einsteins Fantasien durch ihre Masse in den Raum gedrückt wird, auf diese Weise etwa weit über die Grenzen unseres heimischen Planetensystems hinaus?
Was aber begründet dann die eng begrenzte Bahn der Erde um die Sonne, wenn die Delle doch der Unförmigkeit der Bahnen von Kometen entspricht?

Und was machen wir mit den ganz anderen Bahnen der übrigen Planeten, die gestaffelt die Sonne umkreisen, während sie so aber, wie wir ihre Umlaufbahnen kennen,

keineswegs eine einzige Delle benutzen können, was nach Einsteins Theorie aber der Fall sein müsste?
Und damit bin ich schon mitten drin in der Korrektur zu Einsteins großen Irrtümern in Sachen Raum und Zeit.

Oder meinte Einstein etwa, dass die Sonne viele Dellen, genau die Anzahl in den Raum drückt, die nötig ist, um alle Trabanten auf ihrer Bahn zu halten, wobei die Dellen auch jeweils genau die Form und Weite haben, um die Begleiter in ihrer von uns erkannten Bahn zu halten und die Planeten wiederum jeweils die richtige Delle für ihre Bahn gefunden haben?
Denn Planeten würden nach Einstein wegen ihrer Masse zwar auch Dellen in den Raum drücken, jedoch wäre es absolut und unwiderlegbar nicht möglich, dass alle Planeten die nur eine Delle, die die Sonne angeblich verursacht, gemeinsam nutzen könnten.

Dazu betrachte man das Ergebnis einsteinscher Fantasien, wonach die Sonne so aber doch einen Trichter bildet, der durch die Masse der Sonne in den Raum gedrückt wird. Damit bewegen sich die Planeten jedoch auf ganz verschiedenen Ebenen, während die auch hier wieder unwiderlegbare Wirklichkeit so aussieht, dass sich die Planeten etwa auf einer Ebene bewegen – **wie auf einer Scheibe, nicht wie in einem Trichter!**

Welch ein bizarres Bild von der Welt so denn, diese Einstein-Komödien und wilden Fantasien zu Raum und Zeit! Kommt man sich in dieser skurrilen Welt mit vielen Widersprüchen nicht selbst – ich bitte um Verzeihung! – ein wenig albert vor, so man Einsteins Phantasmen glaubt?

Folglich sind diese wilden und wüsten Fantasien aber gerade mal für eindrucksvolle Märchenerzählungen gut, für nichts sonst, also nicht für Naturwissenschaften.

Erklärt also nicht doch allein die klassische Vorstellung von der Schwerkraft die Vielfalt der Bahnen um die Sonne, die Vorstellung, wonach sich Körper gegenseitig anziehen, aber unter bestimmten Voraussetzungen auch eine Fliehkraft besitzen, womit sie stets versuchen, sich der Schwerkraft z.B. der Sonne zu entziehen? Zufällig und zum Glück auch im richtigen Maß, mit den richtigen Parametern (Einflussgrößen), wie wir sie von der Erde kennen, damit das Leben hier überhaupt entstehen und expandieren konnte!

Gibt es daher statt dieser abstrusen und skurrilen Wunderwelt Einsteins zu Raum und Zeit nicht doch eine ganz andere Welt mit handfesten Beweisen auf trittfestem und solidem Boden und vor feuerfestem Hintergrund? Sodass Einstein schließlich den Raum, aber auch die Zeit nie verstanden hat und das Raumzeitkontinuum, Wurmlöcher, Parallelwelten, Brane-Theorie, Strings, Spartikel und 6, 11 oder gar 26 Dimensionen und was auch immer sonst noch nur ein grandioser Humbug und Hokuspokus sind, die falschen Beweise und Schlussfolgerungen einer rabulistischen Scheinwelt, die uns nur in die Irre führen, nicht aber zu Erkenntnissen.

Auch Steven Weinberg, Physiker und Nobelpreisträger 1979, hat mit stoischer Gleichmut zu dieser Einstein-Ära festgestellt, dass man die heutige Zeit der Lehren in der Astrophysik mit ihren wissenschaftlichen Formeln und dem Weltbild Einsteins in 100 Jahren vielleicht nur noch als „die Zeit des großen Scheiterns" belächeln wird. Mein Einwand: Warum aber erst in 100 Jahren? Früher, lieber Weinberg, v i e l  f r ü h e r !

Und obenauf die Zeitreisen als Folge von Einsteins Relativitätstheorie – sie sind das denkbar Widersinnigste überhaupt, weil Zeitreisen, so sie möglich wären, auch immer ein irreparables Chaos erzeugen würden, so doch z.B. der Enkel seinem toten Großvater in die Vergangenheit folgen könnte, um ihn etwa, auf welche Weise auch immer, mit einer ganz anderen Frau zu verheiraten, sodass es ihn, den Enkel, nie gegeben hätte und dieser auch nie eine Zeitreise hätte machen können, mit der er den Lauf der Geschichte hätte verändern können!
(Zur Krümmung von Zeit siehe ein Folgekapitel.)

**Der Raum – das Nichts und die Unendlichkeit**

Der Raum ist in der Tat das Nichts. Er hat keine Mauern, keine Grenzen, kein Hindernis, keine Krümmung und was auch immer, weil er das Nichts ist und mithin nur unendlich sein kann. Denn jede Begrenzung (auch nur virtueller Art) hat immer zur Folge, dass hinter der Begrenzung etwas ist.

Sollte es hingegen Materie oder Energie oder was auch immer sein, wäre dort aber auch wieder nur der Raum. Denn Materie und Energie und sonstiges Geistiges oder Dingliches, sie brauchen immer und ausnahmslos den Raum als Stätte, um überhaupt da sein zu können, z.B. auch, weil sie gleichermaßen 3 Dimensionen haben wie der Raum. Und wenn hinter der Begrenzung nichts ist, dann ist es allerdings in gleicher Weise nur wieder der Raum, weil dieser selbst das Nichts ist.

Daher breitete sich nach dem Urknall die Expansion von Anbeginn kugelförmig im Raum aus, also im Nichts!, und grundsätzlich in alle Richtungen und ohne eine Begrenzung nach außen, weder durch eine Krümmung des Raumes noch ähnliche Faktoren eingeschränkt.
Die Ausbreitung, die Expansion, kann nur gestoppt werden und sich in ihr Gegenteil kehren durch die Schwerkraft der vorhandenen Masse.

Weil der Raum aber nicht nur das Nichts ist, sondern auch 3 Dimensionen hat, ist er die einzige Stätte, wo Materie und Energie sein können. Aber Raum ist als das Nichts nicht nur dort, wo es Materie und/oder Energie gibt, sondern überall und ohne Grenzen.

Wenn also Materie und Energie – in welcher Form auch immer – hinter einer künstlichen Grenze sein sollen, dann ist das lediglich ein erneutes Paradox, weil dort auch der Raum in gleicher Weise sein muss, wie er vor der Begrenzung ist, weil andernfalls Materie und Energie, oder was auch sonst, keine Stätte hätten, um da sein zu können.
Folglich gibt es diese Grenze nicht wirklich. Die wundersame Krümmung des Raumes in Einsteins Fantasien ist aber nichts anderes als eine Art der Begrenzung.

Wenn nun jemand sagt, dass hinter der angenommenen Begrenzung des Raumes, hier der Krümmung, nichts sei, dann frage ich ihn, warum ich eine Begrenzung, eine Krümmung, eine Mauer, einen Widerstand oder was auch immer brauche, wenn dahinter ebenso nichts ist, was wiederum identisch ist mit dem, was vor der angenommenen Begrenzung ist, also im Raum, der selbst das Nichts ist?

Alles überflüssig und nur irritierend! Und das Nichts kann auch durch absolut nichts beeinflusst werden, weder durch Masse oder Energie noch durch die Geschwindigkeit des Lichts oder höhere Geschwindigkeiten, sonst wäre es nicht das Nichts.

Folglich kann ich aber auch niemals eine Grenze des Raumes erreichen oder auch nur annehmen, weil der Raum aus oben genannten Gründen nur unendlich sein kann – das unendliche Nichts. Denn jede Grenze, so auch jede Krümmung, hat ein Dahinter und das ist, wenn auch sonst nichts da ist, im äußersten Fall aber doch das Mindeste, nämlich das Nichts, also wieder der Raum. (Und die Krümmung ist nur eine spezielle Form der Begrenzung.)

Zu den Scheinbeweisen in der Sache der Krümmung des Raumes, konkret zur Gravitationslinse: Was das Licht des Sterns ablenkt, der hinter der Sonne steht und somit für uns doch sichtbar wird, weil lt. Einstein die Masse der Sonne den Raum krümmt – dazu meine simple Frage:
Warum belässt man es nicht einfach bei den **Schwerkraftfeldlinien** der Sonne, ohne hier eine Krümmung des Raumes anzunehmen? Das wäre derselbe Vorgang wie bei den Magnetfeldlinien, die in gleicher Weise masselose Teilchen ablenken, darunter auch die für das Leben tödliche Strahlung, die uns daher auch kaum mehr schaden kann, während diesem Vorgang dennoch keine Krümmung des Raumes zugrunde liegt.

Wie nun die Magnetfeldlinien nichts mit einer Krümmung des Raumes zu tun haben und dennoch die Strahlung ablenken, so haben auch die Schwerkraftfeldlinien nichts mit einer Krümmung des Raumes zu tun, während sie das Licht aber doch in eine gekrümmte Bahn lenken.
So kam es lediglich zu den falschen Schlussfolgerungen, als man die Welt glauben machte, Einsteins Theorie sei beispielsweise bei der Sonnenfinsternis im Jahre 1919 bewiesen worden, weil sich die Bahn des Lichts von einem hinter der Sonne verborgenen Stern so krümmte, dass dieser Stern dennoch auf der Erde sichtbar wurde.

Auch das Raumzeitkontinuum gibt es nicht, also die Raumzeit, wovon man in der Astronomie allerdings immer noch spricht. Siehe dazu meine Erkenntnisse in einem separaten Kapitel zum Phänomen der Materie, dem **PHÄMA**.

Und soweit es nochmal um die Schwerkraftfeldlinien geht – dazu gab es wohl in 2016 eine spektakuläre Entdeckung, die mit großem Brimborium über die Nachrichten in der westlichen Welt bekannt gemacht wurde: Man hatte ein geradezu unendlich kleines Schwerkraftteilchen über eine sensorische Messanlage erfasst.

**Aber** – es geschah nur mal wieder mit der notorisch falschen Schlussfolgerung. Denn man machte die Welt glauben, das sei ein Beweis für Einsteins Relativitätstheorie. – **Wie das denn?** Wie sollte es beweisen, dass der Raum durch Masse gekrümmt wird? – Es war jedoch einzig der Beweis dafür, dass es die Schwerkraftfeldlinien in der Tat gibt, wovon jedoch allein ich längst zuvor im Zusammenhang mit der Krümmung der Bahn des

Lichts gesprochen hatte! Zu eben diesen Feldlinien hatte auch das Schwerkraftteilchen gehört. Und dies Teilchen wiederum gehörte zu Gravitationswellen, die sich offenbar dadurch gebildet hatten, dass sich die Schwerkraftfeldlinien durch irgendein Ereignis vom dazugehörigen Stern gelöst und in der Folge als Wellen im Kosmos verbreitet hatten.

Bemerkenswert ist, dass bald hernach, bei erneuter Nennung der Entdeckung dieses Teilchens, nicht mehr der Name Einstein fiel. Offensichtlich hatte man doch gemerkt, dass es nur meine Theorie bestätigt und nichts mit Einsteins Relativitätstheorie zu tun hat.

Zu Einsteins Fantasien noch ein Wort:
Damit mich niemand falsch interpretiert, so das Fremdwort Fantasie aber doch zweideutig ist. Im Singular kann es zum einen **Vorstellungskraft**, zum anderen aber auch **Einbildung** heißen. Im Fall Einstein muss man daher bei der Übersetzung des Wortes Fantasie immer vom negativen Sinne, von der Einbildung, ausgehen, nicht etwa von Vorstellungskraft, Letzteres eine durchaus positive Eigenschaft, die ich bei Einstein jedoch vermisse. Er konnte nur der linearen Logik von (falschen) Formeln und (falschen) Gleichungen folgen.

Aber weniger anstrengend ist es, wenn man hier die Fantasie nur im Plural verwendet, also von Fantasien spricht, was ich ohnehin zumeist mache. Und vollends eindeutig wird es mit dem Tätigkeitswort **fantasieren**, dessen Übersetzung wohl jeder kennt, sonst schaue er im **Duden Fremdwörterbuch** nach oder im **Internetz**.

Gehen wir jedoch wieder mal Einsteins Fantasien nach und nehmen an, dass der Raum nicht das Nichts sei und sich daher krümmen lasse; dann gäbe es auch überhaupt nichts, ausgenommen die Singularität, die in der Bewegungslosigkeit erstarrt wäre, da keine Reaktion nach innen, aber auch keine nach außen möglich wäre, sodass auch der Urknall kein potenzielles Ereignis gewesen wäre.

Zunächst: Die Singularität erfährt in ihrer unendlichen Dichte, die keine Dimension hat, weil es dort keine Abstände mehr gibt, wo jedoch im hier angenommenen Fall nicht nur Energie, sondern auch der Raum inhärent wäre ..., diese Singularität erfährt in ihrem Zustand unendlicher Dichte mit ihrem Fortgang nach innen auch einen unendlichen Widerstand, weil die nächst niedrige Stufe die Auflösung ins Nichts wäre, die Auflösung in die Endlichkeit des Nichts.

Damit aber wäre alles, ausnahmslos alles, was ist, für alle Ewigkeit verloren, denn aus Nichts kommt nichts und auch nichts zurück, sodass ebenso die Wiedergeburt des Daseins nicht möglich wäre. Wir hätten das absolute Nichts.
Folglich konnte nichts, was ist, aus dem Nichts wieder hervorkommen. Dass scheinbar aber doch etwas aus dem Nichts hervorgeht, ist lediglich eine Irritation im Wirken der Urkraft. Jeder mag es schon mal gesagt haben: „Wie aus dem Nichts ...!" Wie aus dem Nichts hat sich etwas ergeben, etwas ereignet, ist jemand aufgetreten, womit man überhaupt nicht gerechnet hat.

Genau das aber ist die Wesenheit der Quantennatur, weshalb wir auch solchen Irritationen des Geschehens ausgesetzt sind. Wenn wir daher meinen, dass dieses Geschehen aus dem Nichts entstanden sei, ist es jedoch so, dass, für uns verborgen, davor tatsächlich etwas gewesen sein muss, woraus das Ereignis erst möglich wurde. Und die Folge des völlig Unerwarteten ist, dass wir oftmals keine richtige Reaktion oder Reflexion auf dieses Unerwartete haben.

Zu den absolut unumstößlichen Grundsätzen gehört es aber, dass aus dem Nichts nichts werden, sich nichts ereignen kann, ein Grundsatz, der durch nichts zu erschüttern ist. Es kann nur und ausschließlich etwas **im Nichts** sein und sich ereignen, nicht aus dem Nichts heraus, weil nichts aus dem Nichts, so denn aus dem Raum, entweichen kann, siehe dazu meine Erklärungen im Weiteren.

Andererseits kann auch deswegen nichts in das Nichts entgleiten, weil alles, was ist, immer und ausnahmslos eine Stätte braucht, um sein zu können. Das verschwundene Etwas braucht so denn eine Stätte, wo hinein es aus dem Nichts heraus „entsorgt" werden könnte.

Welche andere Stätte als den Raum gibt es jedoch, wenn dieser Raum aber für absolut alles die einzige Stätte ist, in dem etwas sein und sich ereignen kann? Und der Raum wiederum ist das Nichts, sodass auch absolut nichts in das Nichts entweichen kann, weil es doch immer wieder nur das Nichts selbst ist, in das es entweichen müsste. Somit können auch Materie und Energie niemals in das Nichts entgleiten, sie nehmen nur andere Zustände und Formen an; im äußersten Fall ist das die Singularität.

Noch präziser und verständlicher und der schlussendlich auch unumstößliche Beweis meiner Theorie, der Weisheit letzter Schluss: **Materie und Energie können nicht in das Nichts entkommen, weil sie bereits im Nichts (im Raum) sind! Und weil der Raum die einzige Stätte ist, in der etwas ist und geschieht, und er ebenso das Nichts ist, geschieht und ist auch alles im Nichts. Und folglich kann nichts in das Nichts entweichen oder aus ihm hervorkommen, da es keine andere Stätte als den Raum gibt, wo etwas sein oder sich ereignen könnte.**
(Der Weisheit letzter Schluss ist dort, wo jedes Gegenargument nur noch verblasst und ein ungewollter Irrtum oder eine gewollte Lüge ist.)

Eine gewagte Theorie? – Mitnichten! Niemand außerhalb des Raumes könnte behaupten, aus diesem Raum, dem Nichts, komme etwas hervor, denn es kann sich auch niemand außerhalb des Raumes aufhalten, weil er selbst den Raum, das Nichts, als Stätte braucht, um überhaupt existent sein und solchen Vorgang beobachten zu können.

Somit enthält schon die Annahme, dass aus dem Nichts etwas hervorkommen kann, erneut ein unauflösliches Paradox, da sich niemand außerhalb des Nichts, des Raumes, aufhalten kann, weil dort gleichermaßen das Nichts, der Raum, als Stätte vorhanden sein muss, damit etwas da bzw. existent ist. Wir hätten nur wieder die irritierende virtuelle Grenze zwischen 2 Nichtsen bzw. zwischen 2 Räumen, weshalb wir uns diese Grenze auch einfach ersparen können, weil es sie nicht wirklich gibt.

Zum besseren Verständnis das Ganze mit einem Bild:
Wenn jemand in einem Haus ist, sich schon darin aufhält, kann er unmöglich in dieses Haus entweichen, weil er bereits in ihm ist. Jedoch kann er dort etwas tun, und es kann somit etwas geschehen, in dem Haus.

Nun aber das, was ich sagen will: In der gleichen Weise würde, immer angenommen, Einsteins Fantasien wären richtig und der Raum wäre der Singularität nur noch inhärent wie auch die zur reinen Energie gewandelte Materie, dann erführe auch die notwendige Umkehr der Bewegungsrichtung in der Singularität, die Umkehr von der Kontraktion zum Urknall und zur Expansion, einen ebenso unendlichen Widerstand, wie ihn die Singularität gerade zuvor am Ende des Einsturzes von Energie erfahren hat.

Denn es gäbe nichts, auch das Nichts des Raumes nicht, wo hinein sich die Expansion des Urknalls ausdehnen könnte, weil Einstein auch den Raum selbst – die einzige Stätte, wo überhaupt etwas sein und sich ereignen kann! – in die Singularität hat einstürzen lassen, sodass er nicht mehr verfügbar wäre. Und außerhalb des Nichts kann nichts sein und sich auch nichts ereignen, weil es ein Außerhalb des Nichts nicht gibt.

Das eine Mal wäre es somit die Bewegungsrichtung nach innen, das andere Mal die nach außen, wo sich in beiden Fällen ein unendlicher und nie überwindbarer Widerstand bilden würde (also nicht nur für die Richtung nach innen). Denn dies Nichts, das in Einsteins Logik nicht der Raum ist, da sich dieser ja in die Singularität gekrümmt hatte, verhindert so auch den Urknall, da dieser nur im

Raum selbst möglich ist. Der Raum ist jetzt aber nur noch der Singularität inhärent, weil er unendlich gekrümmt wurde, so zumindest Einstein.

Auch wenn man davon ausgeht, dass sich der Raum beim Urknall zunächst vor aller Materie und Energie ausdehnte, dann fehlt immer noch der Ort, in den hinein sich zunächst der Raum ausdehnen können muss, um auch den Ort für die Expansion von Materie und Energie zu ermöglichen. Wo hinein soll sich aber der Raum ausdehnen, wenn nicht allein in das Nichts? Das Nichts aber ist der Raum selbst, den Einstein aber gekrümmt hat, sodass er als Stätte nicht mehr vorhanden ist!

Unendlich wäre ohne dies Nichts, ohne den Raum, so auch der Widerstand für eine erneute Expansion, für den Urknall. Denn der Prozess im Wirken der Urkraft fände damit auch nach außen den unendlichen Widerstand, wenn es das Nichts, den Raum, nach außen nicht gäbe. Es wäre derselbe Widerstand wie der nach innen.

Die zwingende Folge: Die Singularität würde erstarren – für immer und in alle Ewigkeit. Es wäre sogar der Tod der Urkraft, wenn sich nichts mehr ändert und auf ewig erstarrt – ein gänzlicher Unfug, weil die Quantennatur, die Urkraft, absolut unsterblich ist und sich nicht beeinflussen lässt, sich somit alles für immer und ewig ändert und wandelt.

Die Urkraft ist aber nicht nur unsterblich und nicht beeinflussbar, sondern auch nicht zerstörbar. Wir können uns ihr nur anpassen und das Geschehen auf diese Weise harmonisieren, jedoch können wir sie nicht ausschalten oder irgendwie sonst beeinflussen.

So sind aber auch einzig diese Urkraft und der Raum, das Nichts, die absoluten und damit unveränderlichen Größen. Alles andere aber unterliegt der Veränderung, der Wandlung. Es ändert sich stetig und wird verändert seit aller Ewigkeit und in alle Ewigkeit, nur nicht das Nichts und nicht die Urkraft.
**Was so denn geschieht, geschieht ohne Ausnahme im Nichts, und die Urkraft ist hierbei immer auch die treibende Kraft, der Impuls.**

Das Paradox des unendlichen Widerstandes für die Expansion kann hier ebenso nur aufgelöst werden durch die somit auch richtige Annahme, dass der Raum die 3 genannten Eigenschaften hat: **Er ist unendlich, hat 3 Dimensionen und ist das Nichts.**

Erst unter dieser Voraussetzung war überhaupt auch der Urknall möglich und die Tatsache, dass alles da ist, was ist, so auch wir selbst, weil die Expansion des Urknalls nur in etwas hineingeht, was ist, nämlich in die 3 Dimensionen der Unendlichkeit des Nichts. Und dieses Etwas ist der Raum, sodass folglich das Nichts nur deswegen als Raum identifiziert werden kann, weil es auch 3 Dimensionen hat und unendlich ist.

Jedoch muss ich noch andere, wesentliche Eigenschaften des Raumes nennen: Es sind dies die Ewigkeit und die Unzerstörbarkeit. Und schließlich ist er auch außerhalb allen Werdens. Das bedeutet, der Raum konnte nie geschaffen werden, weil er das Nichts ist. Es müsste sonst etwas vor dem Nichts vorhanden gewesen sein, das dieses Nichts schuf.

Das aber ist nicht möglich, weil auch das angeblich schon zuvor Vorhandene den Raum, also das Nichts, gebraucht hätte, um sein zu können, um vorhanden zu sein. Der Raum ist somit das notwendige Nichts, damit ein reales Etwas ist, z.B. ein Gott, damit dieser auch etwas schaffen kann, was in der Folge vorhanden ist. Damit hätte der biblische Gott auch nie vor dem Raum da gewesen sein können, um ihn dort erst zu schaffen. (Nach der biblischen Lehre hat er aber auch den Raum erschaffen.)

Der Raum, das Nichts, konnte so denn nie erschaffen und kann auch nicht gekrümmt oder zerstört werden, sondern ist seit aller Ewigkeit und in alle Ewigkeit – **das absolute Absolutum**.

Das ist wiederum die Voraussetzung dafür, dass auch die Urkraft nicht nur vorhanden, sondern überdies unzerstörbar und ewig ist, und somit auch die Voraussetzung dafür, dass wir selbst sind.
Im Gegensatz zum Raum ist die Urkraft jedoch ohne Dimension, aber auch nicht das Nichts und nicht unendlich, jedoch ewig.

Und wenn ich dann in meinem Prolog zur Weltformel sage, dass die Urkraft kleiner ist als das Kleinste, aber das Kleinste und das Größte schafft, so ist es kein Paradox, wenn ich jetzt auch sage, dass sie nicht den Raum schaffen kann bzw. konnte, den Raum, der Voraussetzung ist dafür, dass etwas ist, so auch die Urkraft selbst.

Das Nichts aber, und somit der Raum, konnte nie geschaffen werden. Er ist a priori seit aller Ewigkeit und in alle Ewigkeit vorhanden, das absolute Absolutum. Denn eine seiner Wesenheiten ist auch, dass er vorhanden sein muss, damit etwas werden und sein und geschehen kann.

Der Raum ist einfach da, wie auch die Urkraft selbst einfach da ist: seit aller Ewigkeit und in alle Ewigkeit. Hätte es ihn – den Raum, das Nichts – irgendwann mal nicht gegeben, hätte sich nie etwas ereignen, nie etwas gewesen sein und jetzt sein können, weil alles, was ist und geschieht, eine Stätte braucht, wo es sein und geschehen kann – und diese Stätte ist ohne jegliche Ausnahme der Raum, also das Nichts.

Folglich ist der Raum zwar das eigentlich Größte, weil er unendlich ist, jedoch konnte er nie geschaffen werden, weil er auch das Nichts ist. Der Raum ist also nur als unendliche Stätte vorhanden, damit etwas sein kann und geschieht, funktioniert oder lebt: das Kleinste und das Größte, aber auch die Urkraft selbst, ohne die weder das Kleinste noch das Größte werden kann und ist.

Damit bleibt mein Theorem dennoch gültig, wonach die Urkraft das Kleinste wie das Größte schafft, weil der Raum, das Nichts, nicht geschaffen werden konnte und somit außerhalb des Machbaren ist, ich aber nur von dem spreche, was durch die Urkraft wird und geschieht.

Man könnte auch behaupten, dass der Raum zwar unendlich ist, aber nicht das Größte, weil der Begriff der Größe sich landläufig daran orientiert, was geschaffen ist, während das Nichts jedoch nicht geschaffen werden konnte, sondern schlicht vorhanden war und ist – seit aller Ewigkeit und in auch alle Ewigkeit.

Wenn aber jemand sagt, dass das Nichts dadurch geschaffen werden kann, indem beseitigt wird, was in ihm ist, dann stimmt das auch so nicht, weil das, was in dem Nichts ist, dieses Nichts unabdingbar als Stätte braucht, um sein zu können, sodass ich es auch nicht aus dem Raum, aus dem Nichts selbst, entfernen kann, zumal es neben dem „Raum-Nichts" kein anderes Nichts gibt, in das hinein etwas entsorgt werden könnte.

Im Gegensatz dazu braucht der Raum keine Stätte, um sein zu können, weil er das Nichts ist. Und das Nichts braucht nichts, um sein zu können.
Auch anders: Wohin sollte denn das, was ist, entfernt bzw. „entsorgt" werden, wenn nicht wieder in ein Nichts? Das Nichts aber ist auf die eine oder andere Weise nur der Raum!

Soweit ich also auch sage, dass die Urkraft kleiner ist als das Kleinste, hat es denselben Grund wie bei der Herleitung der Schaffung des Größten: Die Urkraft konnte, wie der Raum, nie geschaffen werden, sondern war und ist in alle Ewigkeit, während das Kleinste jedoch erst im Wirken der Urkraft werden musste, damit es ist.

Somit hat das Kleinste auch einen Ursprung, den in der Urkraft, während die Urkraft selbst keinen Ursprung hat. Und die Urkraft wirkt auch forthin im Kleinsten, sodass auch alles, vom Kleinsten bis zum Größten, der Änderung unterworfen ist – panta rhei.

Und weil der Raum aber das Nichts ist, kann er auch nicht gekrümmt werden, weil es keinen Anhaltspunkt gibt, von dem ausgehend ein Ereignis den Raum krümmen könnte. Und Materie und Zeit können nicht in das Nichts entkommen, denn sie sind im Nichts und konnten auch nie wo anders sein bzw. von wo anders herkommen.

Wenn man mir vorhält, dass auch meine Vorstellung ein Paradox enthalte, wenn doch der Raum das Nichts sein soll und dann aber in der Bewegungsrichtung nach innen der Widerstand vor dem Nichts unendlich groß ist, sodass aber auch die Bewegungsrichtung nach außen einen unendlichen Widerstand erfahren müsse, da der Raum ja nichts weiter ist als das Nichts.

Abgesehen davon, dass alles, was ist, bereits im Nichts vorhanden ist, sodass es auch nicht ins Nichts entkommen kann …, an diesem Punkt ist zu beachten, dass die Bewegungsrichtung nach innen, also die über die Singularität hinaus, das Unmögliche des **absoluten** Nichts bedeuten würde, sodass der Widerstand hier allein auch unendlich groß und unüberwindlich ist und auf diese Weise eine Änderung der Bewegungsrichtung provoziert, die in den Urknall.

Jedoch, ich erwähnte es bereits, ändert nicht die Urkraft ihre Richtung, denn sie kann nicht beeinflusst werden. Aber das, was nach dem Zusammensturz schlussendlich in der Singularität noch vorhanden ist, die inhärente Energie, das ändert seine Richtung, während die Urkraft selbst immer in dem ist, was wird und ist und so auch in dem, was in der Singularität verblieben ist, denn die Urkraft durchdringt alles, ist allmächtig und allgegenwärtig, siehe dazu auch den Prolog hier in Band 1 am Beginn und die Kapitel zum Herz der Weltformel im Band 2.

Im Gegensatz dazu hat die Bewegungsrichtung nach außen mit dem Ereignis des Urknalls jedoch keinen unendlichen Widerstand, denn die Bedingungen sind anders.

Abgesehen davon, dass das Ereignis „Urknall" bereits im Nichts erfolgt, bringt dieses jedoch auch etwas hervor, was somit ebenfalls ist, nachdem zuvor alles geschrumpft und eingestürzt und ohne Dimensionen gewesen war!

Aber das, was der Urknall hervorbringt, ist folglich und ausschließlich Raum greifend, nicht jedoch Raum schaffend. Und das, was er schafft, entgleitet somit nicht ins Nichts, sondern hat im Nichts, im Raum, die notwendige Stätte, um überhaupt werden und sein zu können.

Was er, der Urknall, im Wirken der Urkraft hervorbringt, kann sich somit auch für alle Ewigkeit nicht ins Nichts (in den Raum) verflüchtigen, sondern ist dort seit aller Ewigkeit bereits vorhanden und expandiert daher nur Raum greifend, wobei der Raum auch das Nichts ist. Voraussetzung dafür ist jedoch: Dieser Raum darf der Singularität nicht inhärent sein, weil es sonst nichts gäbe, wo hinein eine Expansion möglich wäre.

Und darüber hinaus verhindert eine vorhandene und genügend große Masse durch ihre Schwerkraft, dass sich alles, was wird und ist, in die Unendlichkeit des Nichts verliert. (Bislang reicht zwar die vorhandene Masse für die notwendige Schwerkraft bei weitem noch nicht aus, um eine unendliche Ausdünnung zu verhindern, dazu aber mehr an anderer Stelle.)

Im Gegensatz zur Auflösung in die Endlichkeit des Nichts, die das absolute Nichts bedeuten würde und daher nicht möglich ist, sodass auch allein die Singularität das Äußerste ist, was sein kann – ist von daher und im Gegensatz dazu der Urknall zunächst die zwingende Folge aus der Endlichkeit des Einsturzes.

Es ist eine Folge, die sich als Explosion und mithin als Expansion in die Unendlichkeit des Nichts artikuliert, so denn in den Raum, der jedoch nicht das absolute Nichts ist, weil in ihm etwas ist, nämlich in der äußersten Möglichkeit die Singularität im Verbund mit der Urkraft.

Wenn ich hier von der Implosion spreche, die beim unendlichen Einsturz in die Singularität eine Endlichkeit erfährt, ist das scheinbar wieder ein Paradox. Es ist jedoch nicht wirklich ein Gegensatz. Nehmen sie statt der Endlichkeit die Inhärenz.
Das ist der Zustand, wo Materie nur noch Energie und diese unendlich dicht ist, also ohne Abstände und daher nur noch der Singularität inhärent, anhaftend. Mit dieser Inhärenz hat der unendliche Einsturz aber doch eine Endlichkeit erfahren, so widersprüchlich die Aussage in der Logik des Wortes auch scheint.

Mir ist jedoch auch bewusst, dass die Singularität selbst das ist, was von Materie und Energie bleibt, nämlich nur noch Energie, sobald es keine Abstände mehr gibt und alles in die schiere Unendlichkeit eingestürzt ist. Also doch ein Paradox, wenn ich dann aber sage, dass das Verbleibende der Singularität nur noch inhärent ist??

Vielleicht bin ich hier aber an die Grenzen meiner Vorstellungskraft gestoßen und weiß die Wirklichkeit an diesem kritischen Punkt der Singularität nicht mehr korrekt und ohne Widerspruch zu beschreiben.

Dennoch, mit der Inhärenz haben wir einen entscheidenden Unterschied zum Nichts. Denn aus dem Nichts kann in alle Ewigkeit nichts werden, es kann nur etwas im Nichts sein und verbleiben und sich ereignen. Und obenauf ist die Inhärenz aber nicht das Nichts, sodass aus dieser Gegebenheit in jedem Fall etwas werden und sein kann.
Und die Stelle, an der diese Inhärenz ist, ist die Singularität im Raum, also im Nichts. Aber sie ist nicht ein Teil von Nichts, weil dann das Nichts nicht das Nichts wäre, sondern ein reales Etwas.
Zur Erklärung: Inhärenz ist etwas Innewohnendes, in diesem Fall: was der Singularität innewohnt.

Wenn ich davon spreche, dass die Urkraft, die Quantennatur, im Kleinsten wie im Größten wirkt, dann ist sie auch in dem vorhanden, was inhärent ist. Damit ist wiederum bewiesen, dass diese Urkraft in gleicher Weise keine Dimensionen hat wie das der Singularität Inhärente bzw. wie das, was von Materie und Energie noch geblieben ist, nämlich nur noch reine Energie.

Wäre es anders, sodass die Urkraft Dimensionen hätte, wäre es nicht möglich, dass sie auch dem der Singularität Inhärenten innewohnt. Somit wäre sie nicht mehr und folglich alles am Ende, weil ohne das Wirken der Urkraft nichts möglich ist, weder ein Werden noch ein Sein noch ein Vergehen. Denn es hätte auch keinen Urknall geben können und damit letztlich auch nicht uns selbst.

Gegenüber der unendlichen Kontraktion oder auch unendlichen Krümmung (so die gebräuchliche Redewendung) hat die Inhärenz einen entscheidenden Vorteil, weil die unendliche Krümmung oder Kontraktion im Ergebnis immer noch einer Kugel mit vielleicht ein paar Zentimetern oder Millimetern Durchmesser entspricht. Damit wäre allerdings der Begriff der Unendlichkeit schließlich ausgehebelt, was bei der Inhärenz nicht der Fall ist.

Übertragen nun auf die Ebene von Sein+Zeit:
Die verbleibende, aber nach dem Tod leblose Hülle Sein kann auch implodieren, also einstürzen, insoweit, als dass sie sich in ihre Einzelteile auflöst, die das wiederum können, während Zeit (der Kern des Sein- bzw. Zeitatoms) zuvor erloschen ist wie eine Flamme. Ebenso verhalten sich die Atome der Materie: Sie lösen sich auf in die Einzelteile, es gibt keine Atome mehr, nur noch ein Plasma und schlussendlich die Inhärenz der reinen Energie in der Singularität.

Ich kann hier im Fall von Zeit aber nur von einer sekundären Inhärenz vor dem Urknall sprechen, weil Zeit nur im zweiten Schritt während des Urknalls aus dem erneuten Zusammenspiel im Rahmen des Wirkens der Urkraft möglich ist, also nach der Entfaltung von Materie und Energie, während sie schon Milliarden Jahre nicht mehr vorhanden war, als Materie und Energie begannen, in die Singularität einzustürzen. Denn die Bedingungen dort machen ein Leben unmöglich. Es sind dieselben Bedingungen wie nach den ersten Milliarden Jahren vom Beginn des Urknalls während der Expansion.

Was nun auch immer aus der Singularität hervorgeht und expandiert – es braucht die 3 Dimensionen des Raumes. Der Raum, zugleich das Nichts, kann sich jedoch nicht und nie entwickeln und auch nie und nicht expandieren, aber auch nicht einstürzen, weil er unendlich ist. Somit sind auch wir selbst, unser Sein, der unumstößliche Beweis dafür, dass der Raum nicht gekrümmt werden kann, weil der Urknall nie möglich gewesen wäre.

Wie dargestellt, zeichnet sich der Raum durch diese Merkmale aus:

- **das Nichts**
- **die Unendlichkeit und**
- **3 Dimensionen**

    dann aber auch durch die
- **Ewigkeit und**
- **Unzerstörbarkeit**

    und schließlich ist er auch
- **außerhalb allen Werdens,
weil das Nichts nicht werden muss, um zu sein**

Dass dieses Nichts oder der Raum, wie man will, die einzige Stätte ist, an der Materie und Energie, aber auch Sein und Zeit sein können, daran zweifelt wohl niemand, ausgenommen bibeltreue Zeitgenossen, die ihren Gott außerhalb des Raumes vermuten.

Es gibt gleichwohl und dennoch keine andere Möglichkeit, weil diese Stätte sonst eine Begrenzung hätte, welcher Art auch immer, sodass der Raum aber auch nicht wie ein Heißluftballon sein kann, der durch das Nichts schwebt, also doch nur wieder durch den Raum, der selbst das Nichts ist.

Folglich können Materie und Energie auch immer nur Raum greifend expandieren – grundsätzlich sogar grenzenlos! – , niemals jedoch Raum schaffend. Man kann den Raum nur teilweise belegen, besetzen, durchdenken, durchfliegen und was sonst noch, aber niemals krümmen.

Dazu noch zeichnet sich die Unendlichkeit des Raumes, des Nichts, dadurch aus, dass sie nirgendwo einen Ansatz hat, eine Masse, einen Hebel oder einen Griff, um sie etwa krümmen zu können. Und die 3 Dimensionen sind Voraussetzung, damit überhaupt etwas sein kann: Materie, Energie und Sein und Zeit, weil diese wiederum selbst durch ihre Abstände von- und ineinander drei Dimensionen haben.
(Bei der Zeit sind diese 3 Dimensionen allerdings nur mentaler Art, sodass eigentlich kein Raum für sie notwendig sein müsste. Ein Irrtum, weil Zeit nur in der Hülle Sein möglich ist, und die wiederum braucht unabdingbar den Raum, um zugegen zu sein.)

Noch anders: Wäre der Raum nicht unendlich, sondern hätte eine Grenze, z.B. in der Form einer Krümmung, so müsste hinter der Begrenzung etwas sein, das jedoch wieder den Raum bräuchte, also das Nichts. Dieses Nichts aber ist der Raum selbst.

Mit der Annahme der Begrenztheit des Raumes würde das Dahinter allerdings total ignoriert, das, was hinter seiner Begrenzung, seiner Krümmung ist.

Die Frage also, die sich aus einer angenommenen Begrenzung ergibt, die Frage nach dem Dahinter/Darüber könnte daher auch nie beantwortet werden, auch in alle Ewigkeit nicht, so man von etwas Anderem als dem Nichts ausgeht, das wiederum nur und ausschließlich als Raum definierbar ist.

Diese aber in alle Ewigkeit unlösbare Frage nach dem Dahinter oder Darüber, so man von einer Begrenztheit des Raumes ausgeht, ist zugleich der unumstößliche Beweis dafür, dass der Raum gar nicht begrenzt sein kann, sondern unendlich sein muss. Es gibt keine andere Möglichkeit – der Weisheit letzter Schluss.

Einzig diese Definitionen des Raumes schließt auch in Gänze Einsteins und seiner Epigonen Parallelwelten aus. Denn zwischen diesen Welten und ihren Membranen müsste es ja auch etwas geben, entweder Materie oder Energie oder das Nichts. Nach der zuvor dargestellten Logik ist aber auch das alles ohne jedes folgerichtige Denken.

Es mag jedoch durchaus sein, dass es neben der uns bekannten Welt weitere, sogar (ein scheinbares Paradox) unendlich viele Welten in der Unendlichkeit des Nichts gibt, Welten, die auch unendlich weit voneinander entfernt sind, sodass an eine Annäherung nicht mal im Traum zu denken wäre, geschweige denn, dass sie sich mit Membranen oder was auch immer berühren und dabei z.B. einen erneuten Urknall erzeugen könnten, wie eine der vielen irrigen Theorien zum Bild unserer Welt in der Folge von Einsteins großen Irrtümern lautet.

Diese Welten in der Unendlichkeit, von denen ich spreche, haben hingegen das gemeinsame Merkmal, dass sie nie die Begrenzung durch den Raum haben, sondern nur in der eigenen Ausdehnung von Materie und Energie eine Begrenzung erfahren und somit immer nur Raum dynamisch greifend sind, nie Raum schaffend.

Wenn ich hier von den Unendlichkeiten spreche, ist das scheinbar ein eigenartiger Widerspruch. Ein vergleichbares Paradox gibt es in der Tatsache, dass in einem unendlichen Raum jeder Punkt als Mittelpunkt gelten kann. Es ist in beiden Fällen jedoch nicht wirklich ein Widerspruch. Und mit diesen Worten der Aufeinanderfolge von Unendlichkeiten kann man sich überhaupt erst einer Unendlichkeit auf mentaler Ebene ein wenig nähern – offenbar, weil einem dabei ein bisschen schwindlig wird.

Auch die bislang sogar ungebrochen beschleunigte Expansion, eine in der Geschwindigkeit also nicht gleichbleibende Ausbreitung von Materie und Energie, sie scheint mir überdies der sichere Hinweis auf die Unendlichkeit und das Nichts des Raumes, sonst wäre diese Expansion wohl schon lange ausgebremst worden durch den Widerstand an der Begrenzung, der Krümmung oder Füllung des Raumes und würde sich auch noch nach fast 14 Milliarden Jahren nicht nur nicht völlig ungebremst, sondern auch nicht mit wachsender Geschwindigkeit fortsetzen!

Über das zuvor Gesagte hinaus wäre eine Füllung des Raumes eine wie auch immer geartete Form von Materie oder Energie, zumindest etwas, das einen Ort bräuchte, um überhaupt vorhanden zu sein, weil sie selbst auch 3 Dimensionen hätte. Das aber ist nur möglich in einer Dreidimensionalität.

Nähme man also an, dass der Raum mit seiner Füllung begrenzt wäre, und damit letztendlich identisch mit dieser Füllung, bleibt die Voraussetzung für Materie wie Energie oder was auch immer bestehen: ein Ort, wo er sein könnte, der Raum mit der Begrenztheit seiner Füllung. Was aber anderes ist dieser Ort, wo etwas sein kann, als der dreidimensionale Raum? Das gilt auch für den mit seiner Füllung nur scheinbar begrenzten Raum.

Eine Füllung kann somit den Raum niemals begrenzen, ihn nur in Teilen ausfüllen. Sie ist jedoch etwas dinglich Fassbares, im Unterschied zu der Stätte, wo sie ist, zum Raum. Dieser Raum ist in begrenztem Ausmaß zwar auch „fassbar" und begreifbar, aber nur im übertragenen Sinn und visuell.

Damit ist Raum als das unendliche und dreidimensionale Nichts zwar vorhanden, hat darüber hinaus jedoch nicht im Mindesten die anderen, wesentlichen Voraussetzungen für eine Begrenztheit und/oder ein dingliches Vorhandensein, wie etwa Materie und Energie und in deren Folge ein Geistiges, wie Zeit im Sein, die, im Gegensatz zum Raum, immer auch eine Begrenztheit haben.

Die Wesenheit des Raumes ist hingegen die Unbegrenztheit und natürlich auch das Zurverfügungstehen für etwas, das dinglich, energetisch oder geistig ist. Er ist sogar die Voraussetzung dafür, dass etwas ist. Denn ohne den Raum kann nichts sein, während er selbst das Nichts ist, ohne Dinglichkeit, ohne Energie und ohne Geist, aber die Stätte für das, was dinglich, energetisch und geistig ist, und für das, was geschieht.

Und das, was in der Dreidimensionalität des Raumes ist, ist in gleicher Weise selbst dreidimensional. Aber es kann auch schrumpfen und einstürzen bis in die Singularität, die keine Ausdehnung mehr hat und doch ist. Das ist der Zustand von allem unmittelbar vor dem Urknall – ausgenommen vom Nichts.

Denn das Nichts ist der unendliche, dreidimensionale Raum und die Voraussetzung dafür, dass überhaupt etwas ist, so auch die Singularität, die daher nur möglich ist im Raum, der sich somit auch weder krümmen durfte noch krümmen konnte, ähnlich dem, was in ihm ist, weil die Singularität selbst keine Stätte mehr hätte, um sein zu können.

Anders und wohl etwas verständlicher:
Wenn man von einer Begrenztheit der Füllung und damit dieses Raumes in der Form seiner Füllung ausginge, dann bräuchte dieser gefüllte Raum wegen seiner Begrenztheit wiederum einen Raum, da eine Begrenzung immer ein Jenseits der Grenze voraussetzt.
Das Jenseits ist jedoch ein erneutes Mal nur das Nichts, also der Raum mit seinen 3 Dimensionen. Die Annahme, der Raum sei etwas anderes als das dreidimensionale und unendliche Nichts, birgt daher unauflösliche Paradoxien.

Andererseits kann das unendliche Nichts aber weder gekrümmt werden noch hat es Grenzen, und es kann auch keine irgendwelch sonst bizarre Formen annehmen. (Die Krümmung ist ohnehin nur eine spezielle Form der Begrenzung!) Die Bahn des Lichts hingegen oder irgendeiner Materie kann sich krümmen. Dies und anderes sind das **Phäma**, das **Phänomen der Materie**, ihre Erscheinung und damit auch ihre Eigenschaft, ihr sogar untrennbarer Bestandteil.

(Licht besteht zwar aus masselose Teilchen, dennoch beziehe ich es in den Begriff Phäma der Einfachheit halber ein.)

## Die Zeit und das Phänomen der Materie

Und somit zu dem anderen großen Irrtum in Einsteins Wunderwelt, zur Krümmung von Zeit.

Hier weise ich gleich auf den ersten markanten Fehler hin, wenn er von Zeit sprach, die nach dem Urknall mit der expandierenden Materie entstanden sein soll. Das, was dort seit diesem (primären) Urknall entsteht, ist allein, wie bereits zuvor beschrieben, eine Raum greifende Expansion, bei der zwangsläufig Bewegungen und mit ihnen Entfernungen bzw. Abstände zwischen Materieteilchen und -klumpen entstehen, weil das die Wesenheit der Expansion und Explosion ist, also eine Raum greifende, nie aber Raum schaffende Expansion. Denn der Raum war schon immer und ist unendlich.

Und es entsteht bei dieser Raum greifenden Expansion auch keine Zeit.

Wie schon angemerkt, nenne ich die Entstehung von Entfernungen und Abständen in dieser Expansion (aber auch Anderes) das **Phä**nomen der **Ma**terie, kurz: das **Phäma**, das uns irrtümlich eine Zeit vorgaukelt, jedoch zeitlos ist.

Darüber hinaus kann Materie nach ihrer bloßen Singularität auch nur dadurch ein erneutes Mal werden bzw. entstehen, weil seit Anbeginn des Werdens allüberall dieser entscheidende Prozess des Phäma, des Phänomens von Materie, zu finden ist.

Denn die Singularität wird erst dadurch überwunden, dass es nach dem großen Kollaps von Energie und Materie mit der Expansion im erneuten Urknall auch erneute Bewegungen mit den daraus folgenden Abständen gibt, die es zuvor in der Singularität aber nicht mehr gab, sonst wäre es nicht die Singularität gewesen. Denn die Singularität hat eine punktförmige Dimension, während wir die drei Dimensionen der Länge, Breite und Höhe nur bei vorhandenen Abständen finden.

Allerdings ist unsere Vorstellung von einem Punkt zwangsläufig mangelhaft und auch immer mit einem dreidimensionalen Körper verbunden, was hier in der Singularität aber nicht zutrifft. Denn bei genauer Betrachtung, z.B. unter einem Mikroskop, werden die Ausdehnungen eines Punktes als Körper mit seiner Breite, Länge und Höhe sichtbar.

Besser wäre es daher, von einer Null-Ausdehnung zu sprechen, weil uns sonst unvermeidlich Dimensionen vor Augen stehen, die es so aber nicht gibt.

Des Weiteren: Ein Atom entsteht auch erst, weil seine Hülle einen Abstand vom eingeschlossenen Kern hat, dem Atomkern, um den herum sich die Hülle bewegt. Ohne das Phäma im Abstandnehmen durch Bewegung wäre das aber nie möglich gewesen.
Selbst das Nichts, der Raum, hat Dimensionen, auch wenn die Abstände in diesem besonderen Fall sogar unendlich groß sind.

Im Gegensatz zum Phäma, das es seit dem Urknall von Anbeginn gab, ist Zeit, die lebendige Natur, allerdings erst ungefähr 10 Milliarden Jahre nach dem (primären) Urknall entstanden, zumindest in der kleinen Welt unserer eigenen Sonne.

Der große Irrtum bei der Identifikation von Zeit im Zusammenhang mit Materie oder Raum entsteht dadurch, dass wir uns selbst als Zeit in die Dimensionen der Breite, Länge und Höhe projizieren und wir uns so denn auch selbst eingeben in diese Dimensionen, sobald wir sie durchdenken, durchschreiten, durchfahren oder durchfliegen und dann das Phäma mit uns als Zeit skalieren, während es umgekehrt seinen Ursprung hat, so wir doch uns, die Zeit, an dem Phänomen der Materie skalieren: Wir sind z.B. 1 Jahr älter geworden, wenn die Erde genau 1 Mal die Sonne umrundet hat.

Man kann zwar auch sagen: Weil wir 1 Jahr älter sind, ist die Erde 1 Mal um die Sonne gezogen. Damit aber wäre die Ursprünglichkeit des Ereignisses unkenntlich, wie wir das ja auch in der Sophistik zur Genüge kennen, weil dort alle kausale Realität von Ursache und Wirkung falsch interpretiert, auf den Kopf gestellt oder gar geleugnet wird.

Dass mit der Materie allerdings auch ihr Phäma sich krümmt, ist absolut richtig und als gesichert anzunehmen; denn Bahnen und Abstände entstehen durch Bewegung: Einmal schrumpfen sie – auch bis in die Singularität –, was die Wesenheit des Einsturzes von Materie ist. Das andere Mal bleiben sie unverändert (die gleichbleibenden Bahnen).

Oder sie werden größer, die Abstände, sodass Bewegungen, Bahnen und Abstände, aber auch die (relative) Bewegungslosigkeit und was noch dazu gehört, die Erscheinungen sind, die Phänomene der Materie, das Phäma. In der Expansion sind sie das Kennzeichen für eine dynamische Fortentwicklung.
Das Phäma und die Zeit sind somit nie identisch, auch keine Entsprechungen. Das Phäma mit allen Bewegungsrichtungen und sonstigem Verhalten ist allein der objektive Ablauf lebloser Materie im Raum.

So sind auch alle Bewegungen und Vorgänge in der Makrowelt des Kosmos zeitlos, wenn dort die Dinge ihre Bahnen ziehen, aufeinanderprallen, sich abstoßen, zusammenstürzen oder verschmelzen. Das hat jedoch nicht im Entferntesten etwas mit einer Krümmung von Raum und Zeit zu tun, sondern ist allein die Folge im Wirken der Quantennatur, der Urkraft.

Diese Erscheinungen im Zusammenhang mit Materie, sie können sich auch nicht selbstständig machen und somit eine eigenständige Größe sein, weil sie mit der Materie eine feste Einheit bilden. Sie sind sogar die Wesenheit von Materie, wie auch die Zeit eine feste Einheit mit ihrer Hülle Sein ist, die Wesenheit von Sein, und ohne diese Hülle nicht möglich. Und, umgekehrt, auch die Hülle Sein ist ohne Zeit nicht möglich, sonst zerfällt sie in ihre Bestandteile von Materie, ein Prozess, der mit dem Tod einhergeht.

Gäbe es das Phänomen von Materie nicht, das Phäma, wäre unsere Welt nicht möglich, weil Materie diese Abstände verschiedener Größen und Bewegungen braucht, um da sein und funktionieren zu können. So ist dies Phäma die unabdingbare Voraussetzung für Materie und in der Fortsetzung auch für das Leben und so denn für Zeit. Darüber hinaus hat es nichts mit Zeit zu tun, absolut nichts, ist vielmehr nur die Bedingung dafür, dass es zunächst Materie und dann auch Zeit gibt, u. a. uns selbst.

So kann es aber auch keine 4-dimensionale Raumzeit geben. Denn der Raum ist ein visuelles, die Zeit allein ein mentales Phänomen, aber doch mit auch 3 Dimensionen, hier mit der **Vergangenheit**, **Gegenwart** und **Zukunft**. Kurz: Der Raum hat **visuelle**, die Zeit **mentale** Dimensionen, zumindest auf dem Entwicklungsstand des Menschen.

Alles in allem: **Zeit ist disziplinierte und vitalisierte Energie in der Hülle Sein und somit der lebendige Kern von Sein.**
**Der Kern im Materie-Atom ist hingegen die nur disziplinierte Energie und daher ohne Vitalisierung, also leblos.**

Zeit mit ihren 3 Dimensionen ist, im Gegensatz zum Raum, die subjektive Wahrnehmung im lebendigen Sein oder auch die mentale Selbsterfahrung, weil wir selbst Zeit sind, die Makro-Atome von Zeit. (Hierzu mehr im Kapitel **Was ist der Mensch** ...)

Das Phäma hat so denn auch nichts mit einer 4. Dimension zu tun, mit dem einsteinschen Raumzeit-Kontinuum. Es schafft allein 3 Dimensionen für das, was im Raum ist, und ergänzt nicht die 3 Dimensionen des Raumes um eine weitere, eine 4. Dimension.

Daher können wir auch nicht mal davon sprechen, dass sich Materie und obenauf auch noch das Phäma krümmt, denn eine der Eigenschaften des Phäma selbst ist die Krümmung von Materie. Ohne dies Phäma gäbe es weder eine Krümmung noch überhaupt Materie.

Gegeben hat es gleichwohl einen abstandslosen Zustand. Das aber war der nach dem Einsturz in die unendliche Dichte vor dem Urknall, in die Singularität, wonach Materie nur noch als Energie inhärent war, weil ihr, der Singularität, das Phäma im Abstand fehlte.

Man kann wohl auch sagen: Der Zustand von Quantennatur, Singularität und Energie war unmittelbar vor dem Urknall eine Entität, ein einziges noch Vorhandenes, weil auch die Quantennatur in allem enthalten und nicht außerhalb von Etwas ist. So ist sie auch in der Singularität mit ihrer nur noch inhärenten Energie.

Zum mangelhaften Verständnis von Zeit, wie ich es mit Blick auf die Überlichtgeschwindigkeit auch noch darstellen werde, gehört des Weiteren der markante Irrtum von Stephen W. Hawking, wenn er in seinem Buch **Eine kurze Geschichte der Zeit**[3] schreibt: Er habe zunächst angenommen, die Unordnung nehme ab, wenn das Universum wieder in sich zusammenstürzen und es dabei in einen geordneten und gleichmäßigen Zustand zurückkehren würde. Alles wäre hier praktisch die zeitliche Umkehr der Expansionsphase, sodass auch die Menschen rückwärts leben würden, indem sie zuerst stürben, bevor sie geboren würden, um dann aber auch immer jünger zu werden.

Solche Schlussfolgerungen aus dem Unverständnis zu Raum und Materie+Energie wie Sein+Zeit markieren die Höhepunkte in den Irrtümern einsteinscher Relativitätstheorien, auch wenn Hawking in dieser Aussage nur eine von zwei oder mehr Möglichkeiten nennt („Zunächst nahm ich an ...") und schließlich auch eine andere Ansicht vertreten hat.

Das Fazit: Die Dimensionen der Länge, Breite und Höhe des Universums haben nichts mit Zeit zu tun, nur mit Raum, der sich uns in den 3 richtig erkannten Ausdehnungen offenbart, Raum, in dem es wohl Abstände, Bahnen, Bewegungen und andere Erscheinungen, also das Phäma, gibt und geben muss, nie aber Zeit.

Die Tatsache, dass wir den Vorgang skalieren, bei dem Entfernungen und Bahnen durch Bewegung entstehen,

---

[3] Ausgabe vom August 1993 im Rowohlt Taschenbuch Verlag GmbH, Reinbek bei Hamburg, Deutsch von Hainer Kober, Copyright © 1988 by Rowohlt Verlag GmbH, 1290-ISBN 3499188503, Seite 189; Originalausgabe Frühjahr 1988 unter dem Titel **A Brief History of Time: From the Big Bang to Black Holes** im Verlag **Bantam Books**, New York

rechtfertigt nicht die objektive Identifikation mit Zeit. Denn Zeit ist allein subjektiv und daher nur möglich in der lebendigen Hülle Sein.

Ich sehe mal davon ab, dass Materie und Energie natürlich auch Teil der Hülle Sein sind, sonst hätten wir keine Hülle, das Bindeglied zwischen Zeit und Raum. Denn auch diese Hülle ist wiederum nur möglich unter der Voraussetzung, dass es einen Raum, aber auch Energie und Materie gibt.
Ebenso gibt es den Menschen nur, weil es den Unterbau von Pflanzen und Tieren gibt. Und folglich wird es auch die Gottheit nur geben, weil es den soliden Unterbau von Flora und Fauna gibt. Sie sind die unabdingbare Basis für alles, was im Rang höher entwickelt ist bzw., was sich später entwickelt hat.

Es wäre daher auch schon allein aus diesem Grunde nie möglich gewesen, dass es eine Gottheit vor dem Unterbau von Pflanzen und Tieren hätte geben können, ein Ding der Unmöglichkeit.
Und hierin wird auch klar, dass der Mensch nie Götter oder nur einen Gott angebetet hat, sondern immer nur die Urkraft in ihrem bis eben noch schier unergründlichen Wirken.

Zeit artikuliert sich so denn nur in den Eigenschaften des lebendigen Seins, in der **Freude** und **Trauer**, der **Hoffnung** und **Verzweiflung** und in 50 oder 100 Dingen mehr; denn wir sind die Inkarnation, die Makro-Atome von Zeit. Und ohne lebendige Natur wäre der Komplex Raum mit lebloser Materie und Energie völlig zeitlos und letztlich auch sinnlos. Es könnte alles sonst nur da sein oder auch nicht da sein, aber beides ohne jeglichen Sinn. Der Sinn, und damit auch die Sinnkraft, entsteht erst durch lebendige Natur.

Und wenn wir sagen:„Die Zeiten haben sich geändert", dann heißt das auch nichts anderes, als dass sich die Menschen geändert haben, Zeugnis davon, dass sich der Mensch durchaus schon als Zeit verstanden hat, wenn auch nur unbewusst.

Die Ingredienzen von Zeit haben ebenso Ausdehnungen, sehr verschiedene Dimensionen, so dass sie denen im Raum gleichen, mit dem Unterschied, dass das eine nur auf der mentalen Ebene, das andere nur auf der visuellen Ebene erfasst werden kann: der Raum nur visuell, die Zeit nur mental.

Da Zeit im Gegensatz zur Materie lebendig ist, wird sie aber auch nur subjektiv empfunden. Allein dadurch, dass wir Zeit am Phänomen der Materie, dem Phäma, skalieren, wird sie überschaubar objektiviert und so von allen Menschen gleichermaßen angewandt, obgleich sie subjektiv geradezu unheimliche Unterschiede hat.

Daraus lässt sich auch erklären, warum manch 20-Jähriger meint, er habe schon 100 Jahre gelebt, während der 100-Jährige meint, seine Zeit sei gewesen wie 1 Mal ausgeatmet. Eine echte Objektivität von Zeit gibt es so denn nicht. Sie ist immer subjektiv, weil sie lebendig ist und nicht leblos wie Materie.

Somit ist auch die empfundene Zeit immer davon abhängig, ob das Geschehen der Gegenwart im Angenehmen

und Wohlgefallen oder im Unangenehmen, in der Provokation, im Bösen in mir vorbeizieht, sie also unerträglich gerinnt oder frei fliegt wie ein Vogel.
Und es hängt natürlich davon ab, dass die Erinnerung das gewesene Unangenehme in der Ferne verschwinden und in seiner Wesenheit ganz vergessen lässt. Wir sagen treffend dazu: „Die Zeit heilt alle Wunden", was wiederum nichts anderes heißt, als dass wir uns selbst heilen.

Somit verliert das Unangenehme durch diese Selbstheilung auch seine Schrecken und wir sind allein noch dem Angenehmen verhaftet, an das wir uns gern erinnern.
In der Folge erscheint uns alles wie 1 Mal ausgeatmet, siehe den Fall des 100-Jährigen.

Aber auch hängt es, umgekehrt, davon ab, ob in der brandheißen Gegenwart alle Probleme dieser Welt über uns einstürzen, sodass wir scheinbar hoffnungslos die Gefangenen des Bösartigen und Unangenehmen sind, wie etwa im Fall des 20-Jährigen. Damit haben wir eine gefühlte Zeit von 100 Jahren.

Dazu ein weiterer Trugschluss in Einsteins Theorien zur Relativität, wenn er meinte: „Eine Stunde mit einem hübschen Mädchen vergeht wie eine Minute, aber eine Minute auf einem heißen Ofen scheint eine Stunde zu dauern."[4]

---

[4] Das war Einsteins kurze Erklärung für Laien zur Relativität an seine Sekretärin als Abhilfe gegen aufdringliche Journalisten.
Quelle: Aus **Zitate-Anthologie** im Liß-Kompendium von Eberhard Liß (11, S. 154). Sekundär-Quelle: Arcor Internetzportal
**home.arcor.de/eberhard.liss/zitate/einstein-zitate.htm**,
dort: **2. Aussagen zu Erfahrung, Erkenntnis und Logik**

Auch hier hatte er natürlich nicht erkannt, dass diese Unterschiede nur im Wirken der Urkraft zu finden sind, die uns provoziert mit dem Bösen und Unangenehmen oder herausfordert und angenehm reizt mit dem Schönen und Gefälligen, Unterschiede, die aber nichts mit seiner Relativität zu tun haben, etwa mit der Krümmung von Zeit.

Die Gegenwart eines hübschen Mädchens ist somit die Seinsvergessenheit, wo man sich wünscht, der Rausch der Gefühle möge nicht vergehen, sodass man alles andere, was geschieht, schlicht ausblendet.

Beispielhaft für sein falsches Verständnis zur Zeit ist u.a. auch die **Zeitdilatation** (Dehnung der Zeit) im Falle einer beim Flug in großer Höhe bewegten Uhr, die mitsamt ihrer Elektronik ja nichts anderes ist als ein lebloser Körper, also Materie.
Wenn so die Anzeige von Uhren im Orbit einerseits und auf der Erdoberfläche andererseits verschieden sind (für die Fachleute: siehe das Maryland-Experiment), dann hat das nichts mit einer Zeitdilatation zu tun. Denn nur die Atome der Materie, woraus Uhren bestehen, werden durch die Schwerkraft beeinflusst. Und das heißt:

Die Anzeige dieser Uhren im Orbit wird um einen winzigen Bruchteil anders, **niemals aber die Zeit**. Genauer: Dieser Unterschied besteht natürlich darin, dass hier das **Phäma** im milliardsten Bereich einer Sekunde schneller wird, weil die Gravitation eine, wenn auch kaum messbare, so aber doch geringere Anziehung hat.

Das wird noch deutlicher beim Spaziergang auf dem Mond: Der Mensch kann dort ohne Anstrengung riesige Schritte machen und kommt so auch wesentlich schneller voran, da der Mond erheblich kleiner ist als die Erde und daher weniger Anziehungskraft besitzt als die Erde.
Da nun das Phäma und die Zeit aber auch keine Entsprechungen sind, wird die Zeit durch den Abstand von der Erde nicht beeinflusst, obgleich auch wir Atome sind, die Makro-Atome von Zeit.

Das hat so denn nichts mit einer Dilatation, der Dehnung oder auch der Beschleunigung der Zeit zu tun. Wir können vielmehr nur von einer Dilatation des Phäma sprechen. Dies Phäma ist, der Name sagt es, eine Erscheinung bzw. die unabdingbare Eigenschaft der Materie. Und dazu gehört auch die Entstehung von Abständen, das Einhalten, Schrumpfen und Vergrößern dieser Abstände, während dort Zeit jedoch überhaupt nicht vorhanden ist.

Das hat bedeutende Konsequenzen, dass es z.B. den von Einstein beschriebenen Jungbrunnen gar nicht gibt und wir keineswegs 20 Jahre jung bleiben können, wenn wir fortwährend mit Lichtgeschwindigkeit durchs Universum rasten. Im Gegenteil: Ich nehme mal an, wir altern infolge der außergewöhnlichen Anstrengungen (Stress) sogar schneller.

Somit bleibt von Einsteins Relativität nichts übrig, wenn man seine Unkenntnis über das Wesen von Raum und Zeit und jüngst auch noch den Irrtum in Sachen Lichtgeschwindigkeit betrachtet (siehe das Folgekapitel), Kriterien, die aber wesentlicher Bestandteil seiner Theorien sind.

Wenn Hawking in dem bereits erwähnten Buch **Eine kurze Geschichte der Zeit**, dort auf Seite 26, schließlich feststellt, dass diese beiden Theorien (die allgemeine Relativitätstheorie und die Quantentheorie) leider nicht miteinander in Einklang zu bringen seien, weil sie nicht beide richtig sein könnten, dann ist das meine Rede. Denn alle Folgerungen aus Einsteins Relativität sind falsch! Und Beobachtungen, die seine Theorien bestätigen, beruhen auf falschen Schlussfolgerungen und dem Wunsch, dass auch alles so sein möge, wie er es gesagt hat.

Und wenn Hawking weiter schreibt, siehe in seinem Buch Seite 195, dass ihm die Unschärferelation jedoch eine elementare Eigenschaft des Universums zu sein scheine, weshalb eine Vereinheitlichung der Theorie dieses Prinzip unbedingt berücksichtigen müsse, dann frage ich ihn: Wie kann es eine Vereinheitlichung geben, wenn eine der beiden Theorien schlicht falsch ist, weil sich die Schwerkraft nicht mit einer Krümmung des Raumes erklären lässt? Diese Krümmung ist jedoch eine Kernaussage der Relativitätstheorie!

Genauso bedeutend: Wie bitte kann es eine Vereinheitlichung der Theorie geben, wenn obenauf die Schwerkraft der Quantennatur untergeordnet ist und sie demnach überhaupt keine Vereinheitlichung auf gleicher Ebene erfahren kann, auch nicht mit der „Quantentheorie der Gravitation", womit man ohnehin nur noch dem vernichtenden Urteil über Einsteins Irrtümer entgegen wirken will?

Hierzu braucht es einen noch näheren Hinweise, um das zu verstehen: Die Quantennatur bzw. Quantenmechanik hatte ihren Namen bekommen, weil die spezifische Eigenschaft, die die Urkraft ausmacht, zunächst nur im Kleinsten gefunden wurde, siehe Heisenbergs **Unschärferelation der Quantenmechanik** (verständlicher: das **Unschärfeverhältnis der Quantenmechanik**) Jedoch ist diese Naturkraft, bzw. die Urkraft, in allem enthalten, was dinglich, lebendig, geistig oder energetisch ist, somit auch in Materie und Energie des Makrokosmos vorhanden. Aber sie ist keine eigenständige Größe im Raum.

Dennoch, ich betone es erneut, die Quantennatur findet sich in allen Vorgängen des Makrokosmos wieder, sodass zwischen dem Wirken der Quantennatur im Mikrokosmos hier auf Erden und ihrem Wirken im Makrokosmos (im Weltall) auch kein Widerspruch besteht, der lt. Hawking allerdings berücksichtigt werden müsse.

Schlussendlich bleibt hier nur noch anzumerken, dass ich zum besseren Verständnis den Begriff Zeit auch da anwende, wo es nach meinen Erkenntnissen jedoch keine echte Zeit ist. Ich markiere dort die Zeit mit Sternchen: **\*Zeit**.

### Die Lichtgeschwindigkeit

Mit Blick auf die gewaltigen Dimensionen des Universums bin ich so auch bei Einsteins Unverständnis nicht nur zu Raum und Zeit, sondern auch zu einer wesentlichen Eigenschaft des Lichts. Denn in sinnvoller Evolution kann es eine begrenzte Geschwindigkeit bis zu der des Lichts nicht geben. Die Evolution würde hier ihr Ende erfahren, sodass auch nie eine genetische Folge des Menschen zu den Sternen fliegen oder gar andere Galaxien erreichen könnte, ganz abgesehen davon, dass der Mensch aus eigener Kraft das ohnehin nie können wird, auch nicht mit den Generationen-Raumschiffen.

Daher ist aber auch die Geschwindigkeit des Lichts nur eine Geschwindigkeit unter sehr vielen Geschwindigkeiten, keineswegs schon die absolute Grenze, denn sie ist – wie auch die Mauer für den Schall, die Schallmauer – nur eine Mauer des Lichts, eine „Lichtmauer", die es aber genauso zu durchbrechen gilt wie die Schallmauer.

Wenn man jedoch diesen Vergleich wegen des gigantischen Unterschieds, hier bei 1.200 km/st, dort bei nahezu 1 Millionen mal mehr, etwa 1,1 Milliarde km/st, nicht so recht akzeptieren will, denke man nur wieder an den auch gewaltigen Unterschied der formalen Intelligenz beim Tier und beim Menschen.

Und schon vor nicht mal 180 Jahren, in geschichtlich unmittelbarer Nähe zu uns, war den Menschen die Geschwindigkeit der Eisenbahn bei ihrer Einführung 1825 bis 1830 eine Angst einjagende Angelegenheit, offenbar ein Teufelswerk. Dabei lag sie lediglich bei 25 bis 50 km/st, für uns heute die sehr gemütliche Art der Fortbewegung mit einer Bummelbahn.

Denkt man nun aber an die Überschallgeschwindigkeit und dann auch noch an den Affen ..., er hat nicht die geringste Chance, auch nur annähernd zu begreifen, was überhaupt die Schallmauer ist. So ist aber auch der Mensch nahezu überhaupt nicht fähig, wirklich über das Licht hinaus zu denken, eine derart hohe Geschwindigkeit in ihrem technischen Sachverhalt auch nur zu ahnen (ich sehe mal von den Tachyonen ab, die vielleicht schon eine Ahnung sind). Sinnvolle Evolution aber schafft das. Sonst hätten wir gezwungenermaßen sehr bald einen Stillstand, den es so jedoch nicht gibt – panta rhei!

Abstrus ist in gleicher Weise die Darstellung, besser: der Versuch einer Darstellung extraterrestrischer Wesen, wie Hollywood sie uns mit seinen arttypischen Fantasien andient. Denn absolut ausgeschlossen ist im interstellaren Verkehr eine Begegnung mit den monströsen Monstern, wie sie dort gezeichnet werden, weil ein interstellarer Flug nur von einem Wesen ausgehen kann, das nicht nur die sehr hohe Intelligenz, sondern auch die Ausstrahlung und sonstige Eigenschaften der von mir eingehend beschriebenen Gottheit hat.

Diese Gottheit ist allerdings nur möglich über die Vollendung von Liebe mit der Fusion von Zeit. Und damit ist diese Gottheit in ihrer Vollkommenheit auch alles andere, nur nicht dieser Schotter und die Mülleimer-Krümel wie etwa ET oder auch die Ungetüme mit den von Krampfadern durchzogenen Visagen und anderen grausamen Entstellungen, sodass einem beim Hinschauen übel wird, so man sich noch nicht daran gewöhnt hat. (Siehe hierzu meine Erklärungen im Band 2.)

Dass es hingegen auch bizarre Wesen gibt, die auf bewohnten Planeten vorzufinden sein werden, versteht sich von selbst, und ich zweifle auch nicht daran. Jedoch sind diese Wesen genauso lokal an ihren Planeten gebunden wie bei uns die mannigfache Tierwelt mit ihren vielfältigen, sonderbaren und pittoresken Eigenschaften etwa in den Ozeanen.

Nie aber wird diese Tierwelt, wie auch nicht der Mensch, fähig sein, aus eigener Kraft Ausflüge ins All zu unternehmen, sodass die interstellare Begegnung mit Außerirdischen nur auf der Ebene vollendeter Zeiten stattfinden wird, und das bedeutet: nur auf der Ebene von Gottheiten hier wie dort.
Man beachte: Die Naturgesetze, die bei uns gelten, haben ihre Gültigkeit ebenso im Universum, gelten also auch für extraterrestrische Wesen!

Nun kommen mir obenauf allerdings Zweifel mit Blick auf die Formel $E=mc^2$, selbst wenn sie durch viele Beobachtungen und Messungen bestätigt sein soll.
Aber das von mir bereits erwähnte Ereignis um die Sonnenfinsternis 1919, wo die Krümmung des Raumes angeblich bewiesen wurde, war auch nur ein Irrtum, sodass man leider sogar in der Wissenschaft ab und zu nur genau das Ergebnis bekommt, das man gerne haben möchte, um z.B. Einsteins Formel und Wunderwelt zu bestätigen.

Mit anderen Worten: Man zieht aus Beobachtungen ganz einfach nur die falschen Schlüsse für ein Ergebnis, das man braucht, damit Ansehen und Ruhm des Entdeckers falscher Theorien keinen Schaden nehmen.

Muss die allgemein gültige Formel daher nicht doch allein $E=mv^2$ heißen? Mir fehlen leider die hier notwendigen detaillierten Kenntnisse zur Astrophysik, um in diesem Punkt selbst ein abschließendes Urteil zu bilden.
**$E=mc^2$** (**c** ist die Geschwindigkeit nur des Lichts) mag einerseits richtig sein, legt aber nur ein ganz enges, spezifisches Spektrum frei, das spezielle Erscheinungen beschreibt.

Die Formel **E=mv²** (**v** ist die generelle Geschwindigkeit) hat hingegen eine Allgemeingültigkeit, weil die Äquivalenz von Masse und Energie wohl nicht erst im Bereich der Lichtgeschwindigkeit zu finden ist, nehme ich mal an.

Sollen wir es nun aber wirklich dahingestellt sein lassen, ob die Formel E=mc² nun richtig ist oder doch falsch? Dagegen spricht nur zu deutlich die fehlende Allgemeingültigkeit. Und es ist doch wohl kaum anzunehmen, dass sich Energie nur über die Lichtgeschwindigkeit bestimmen lässt und dass die Äquivalenz, die Gleichheit von Energie und Masse, nur exakt an dem Punkt gegeben ist, wo Masse sich mit Lichtgeschwindigkeit bewegt!?

Darüber hinaus habe ich aber auch noch nie in einem einschlägigen Bericht gelesen oder gehört, dass diese Formel nur eine aus der Grundformel E=mv² hergeleitete Gleichung sei und nur einen ganz speziellen Bereich der Astrophysik berühre, wo sie eine Gültigkeit habe. Das wäre eine Besonderheit, die bestimmte Erscheinungen vielleicht in anderem Licht erscheinen lassen könnte, denn schon wäre alles viel lockerer.

Dazu gibt es von Einstein auch das bemerkenswerte Selbstbekenntnis (schon erwähnt am Beginn des übergeordneten Kapitels), wonach Fantasie für ihn wichtiger war als Wissen, denn Wissen sei begrenzt.
Mit seiner Fantasie wollte er wohl nur die Naturgesetze umgehen, von denen er sicher wusste, die er offenbar jedoch nicht wirklich begriffen hatte, sodass ihm bei seinen Wunschvorstellungen auch nur diese Fantasie weiterhalf.

Mit der Erkenntnis von der ganz anderen Beschaffenheit von Zeit ist allerdings auch der Parameter zunichte gemacht, der bislang für den Nachweis einer Endlichkeit der Geschwindigkeit im Kosmos herangezogen wurde, für den Beweis einer absoluten Endlichkeit in dem Phänomen der Lichtgeschwindigkeit, die demnach von nichts übertroffen werden kann.

Denn eine Licht- oder Überlichtgeschwindigkeit würde nach gängiger Lehre bedeuten, dass ich durch eine Zeitreise die Vergangenheit und damit auch Gegenwart und Zukunft ändern könnte, so man von der auch einhergehenden Krümmung der Zeit ausgeht, wie sie Einstein gelehrt hat. Das aber hätte unentwirrbare Konsequenzen und würde schließlich im Chaos verenden.
Da die Zeit aber etwas ganz anderes ist als bislang von Einstein und seinen Epigonen angenommen, ist dieser Gedankengang ohnehin überholt.

Die bislang übliche Beweisführung für die Endlichkeit der Geschwindigkeit bei knapp 300 000 km/sek ist wohl erneut ein Hinweis darauf, dass ich durch die lineare Logik von Formeln und Gleichungen niemals die Lösung wirklich großer Probleme finde. Das bedeutet hier konkret wieder das, was ich auch an anderer Stelle sage: Diese, gemessen an den Dimensionen des Universums, relativ enge Begrenzung der Geschwindigkeit bzw. Ausbreitung des Lichts von etwas mehr als 1 Milliarde km/st würde ein sehr baldiges Ende sinnvoller Evolution bedeuten.

Auch „ein sehr baldiges Ende" ist hier im Sinne von kosmologischen Aspekten zu verstehen, wenn das Leben, also Sein und Zeit, in unserer kleinen, sehr begrenzten Welt, erst etwa 3,5 Milliarden Jahre alt ist, während das Gesamtalter des Universums auf noch weitere 100 Billionen oder von mir auf gerade mal etwa 800 Milliarden Jahre oder weniger geschätzt wird (siehe das Folgekapitel **Die Expansion**).

Das bedeutet für die bislang definierte Endlichkeit der Geschwindigkeit wiederum, dass ein Stillstand sinnvoller Evolution in vielleicht schon 1000 Jahren erfolgen würde, dann, wenn auch Raumschiffe mit der Geschwindigkeit des Lichts fahren könnten.

Sie mögen getrost auch noch 1 Million oder 1 Milliarde Jahre für das Erreichen der Lichtgeschwindigkeit annehmen – immer noch ist das fast nichts oder nur sehr wenig im Vergleich zum angenommenen Gesamtalter des Universums. Es ist daher abwegig, wenn man von der bislang vermuteten absoluten Grenze der Geschwindigkeit des Lichts ausgeht. Ich vermute sogar, dass es Geschwindigkeiten gibt, die $10^8$ bis $10^{10}$ mal größer sind als die des Lichts. Denn eine Wesenheit von Evolution ist die Ausbreitung des Lebens in den weiteren Milliarden Jahren auch in die Tiefen des Weltraumes!

Für den Menschen ist es allerdings nur so begreifbar, wie bislang angenommen, weil er in seinen intellektuellen Fähigkeiten einen lediglich begrenzten, einen sehr begrenzten Horizont hat, sobald es um die gewaltigen Dimensionen des Kosmos geht, die auch nur mit Überlichtgeschwindigkeit lebendig erfahren werden können, so man überhaupt die eigene Milchstraße nicht als Grenze der Expansion unseres Lebens betrachten will.

Aber stets ist zu beachten: Weder von der Lichtgeschwindigkeit noch von einer Überlichtgeschwindigkeit wird die Zeit oder der Raum verändert.

In diesem Zusammenhang sind auch die in der Physik diskutierten Tachyonen bemerkenswert (ich habe sie bereits erwähnt). Sie sind allerdings nur theoretische Geisterteilchen.

Tachyonen – nicht nachweisbar, aber eine denkbare und plausible Alternative zur angeblich alles begrenzenden Geschwindigkeit des Lichts, zumal, besonders interessant, mit ihnen die notwendige Energie für den Antrieb jenseits der Lichtmauer um so geringer wird, je höher die Geschwindigkeit über der des Lichts liegt.

Im Gegensatz dazu braucht Masse für ihren Impuls unterhalb der Lichtmauer eine um so größere Energie je höher die Geschwindigkeit ist. Diese Energie ist lt. Formel zur Äquivalenz von Energie und Materie ($E=mc^2$) sogar unermesslich groß, sobald sich die Masse mit Lichtgeschwindigkeit bewegt.

Genau an diesem Punkt muss ich im September 2015 eine Ergänzung machen. **Es ist eine überaus wichtige Erkenntnis, die auch die Formel $E=mc^2$ in Gänze widerlegt und meine zuvor angemeldeten Zweifel hieran nicht nur bestätigt.** (Dennoch lasse ich diese bereits angemeldeten Zweifel unverändert stehen, um damit auch mal den Werdegang des Denkens zu veranschaulichen.)

Zunächst, ein Raumschiff, das mit Lichtgeschwindigkeit fährt, hätte nach Einsteins Formel unermessliche Dimensionen – ein Ding der Unmöglichkeit!

Andernfalls würde aber auch die weitere dynamische Evolution über einige hundert Milliarden Jahre hin verhindert.
Und das wiederum würde das Wirken der Urkraft über unsere bisherige Welt von „nur" knapp 14 Milliarden Jahren hinaus nicht nur infrage stellen, sondern sogar ausheben. Das aber geht nicht, weil die Urkraft stetig und ohne Endlichkeit wirkt, im Kleinsten wie im Größten, sonst wäre sie nicht die Urkraft.
Sie hat schon in Ewigkeit vor unserer eigenen Zeit gewirkt und wird in alle Ewigkeit nach unserer eigenen Zeit wirken: panta rhei – für immer und ewig.

Die bittere Folge für alle Einstein-Gläubigen: Die Formel $E=mc^2$ ist schlicht falsch. Sie widerspricht dem Höchsten der Naturgesetze, der Urkraft. Und alles, was den Naturgesetzen widerspricht ist endlich, sehr endlich und sterblich!

Das erklärt somit auch die geradezu verzweifelte Reaktion, als vor ein paar Jahren bei einem Experiment am schweizer CERN eine Geschwindigkeit über der des Lichts gemessen wurde. Dem wurde mit Eifer widersprochen, und man glaubte sogar, durch Wiederholung des Experiments am heimischen Rechner! das Ergebnis am CERN widerlegt zu haben – im Letzten allerdings keineswegs glaubhaft.

Auf diese Weise sollte jedoch auch verhindert werden, dass die Formel $E=mc^2$ tatsächlich untergeht, siehe meine Ausführungen zuvor.
Die Äquivalenz von Materie und Energie muss folglich anders formuliert werden, weil sie an irgendeinem Punkt

der Geschwindigkeit eine Begrenzung erfährt und sich nicht ins Unermessliche steigern kann. Und sie reicht schon gar nicht hin bis zur Geschwindigkeit des Lichts. Daran rüttelt auch nicht die Tatsache, dass diese ohnehin, wie ebenso der Schall, eine Begrenzung hat und nicht über die zuverlässig gemessenen Werte hinausgeht.

Soweit es wieder um die Überlichtgeschwindigkeit geht – sie ist die Voraussetzung sinnvoller Evolution auch über weitere Jahrmilliarden hinaus, weil sonst das Erreichen anderer Galaxien in alle Ewigkeit nicht möglich wäre. Sie blieben uns auch in der neuen Dimension von Sein und Zeit verschlossen. Überhaupt wäre in 1 oder 2 Milliarden Jahren die sinnvolle Evolution am Ende. Schon diese Vermutung ist jedoch wieder mal Unfug – panta rhei.

Allerdings ergeben sich hieraus Probleme und Aufgaben, die der Mensch nicht, nur aber eine Gottheit wird lösen können, die die Wesenheit dieser neuen Dimension ist, eine Gottheit, von der ich immer wieder spreche und um die es allein geht, so der Mensch auch eine Zukunft haben will. Siehe dazu meine Ausführungen im Band 2 dieser Schrift.

Die von mir gedeutete Zukunft steht allerdings auch so sicher an, dass es geradezu Blasphemie ist und die Kapitulation vor der eigenen Unzulänglichkeit, wenn man sie leugnet.
Jedoch, das umfassende analoge Denken, das nicht in der linearen Logik von Formeln und Gleichungen hängen bleibt, macht erst die notwendige Erweiterung des Horizonts möglich, um auch ganz außergewöhnliche Ansätze zur Lösung von ebenso außerordentlichen Problemen und

Herausforderungen zu finden, ohne dabei aber in Phantasmen, Wundern und Hokuspokus zu schwelgen.

Klar wird das, was ich sage, ebenso im Fall der Weltformel. Nie hätte die Physik mit ihrer linearen Logik, z.B. bei ihrem GUT-Modell, diese Formel gefunden, auch wenn man sich schon sehr nahe an der Lösung glaubte, nachdem eine bestimmte Erhitzung 3 von 4 Grundkräften vereinte und sie damit offenbar einen gemeinsamen Nenner bekamen.

Bei den Versuchen, die man hierzu macht, mangelt es somit an den richtigen Voraussetzungen und daher auch an den richtigen Schlussfolgerungen. Denn es sind die falschen Versuchsmodelle, mit denen die Wissenschaft arbeitet, wenn auch die falschen Parameter Zeit und Raum herangezogen werden, sodass auch diese falschen Voraussetzungen zwangsläufig nur zu den falschen Schlussfolgerungen führen.

Ich hatte hingegen nicht einen einzigen Gedanken an die Urkraft verschwendet, weil ich sie für den Menschen sogar nicht für auffindbar hielt. Dennoch habe ich sie fast problemlos und in kürzester *Zeit gefunden, nachdem ich wusste, wie die Frage dazu lautet.

Dabei hatte ich mir in der Folge aber keine Gedanken darüber gemacht. Die bislang vergeblich gesuchte Kraft ist mir vielmehr bei den Überlegungen zur Liebe, und dort zum Kritischen Punkt, einfach in den Schoß gefallen. Damit wurde auch die unermessliche Bedeutung meiner Erkenntnisse über die Liebe bestätigt, wovon ich zuvor immer gesprochen hatte. (Siehe hierzu meine ausführlichen Erklärungen im Band 2.)

Der Grund für die problemlose Findung: In das umfassende Denken meiner Philosophie beziehe ich die Gesetze lebloser Materie+Energie auch in die Gesetze von lebendigem Sein+Zeit mit ein. Das heißt, ich suche bei den Gesetzen dort nach den Entsprechungen der Gesetze hier.

Neben dieser fortwährenden Ana-Logik denke ich auch in großen Zusammenhängen, die die Vergangenheit in ihren Tiefen einschließen und durchleuchten, um daraus das Verständnis für die Gegenwart zu finden und als Fortsetzung schließlich das Geschehen in der Zukunft über meine Visionen entlang des Roten Fadens sinnvoller Evolution zu erkennen.

Allein mit diesem umfassenden Denken fand ich geradezu zwangsläufig sowohl die Lösung der Weltformel wie auch unseren Standort in der Gegenwart.
(Siehe hierzu auch meine Ausführungen im Kapitel **Die 4 Grundkräfte der Natur**, dort die Sentenz zum umfassenden Denken als elementare Philosophie.)

Abschließend zu diesem Thema:
Nun will ich aber keineswegs daran festhalten, und das habe ich auch nie gemacht, dass allein ultraleichte Neutrinos eine Überlichtgeschwindigkeit nachweisen könnten und folglich Einstein möglicherweise doch Recht hätte, wenn diese tatsächlich nicht schneller sind als das Licht. Somit harre ich hier der Dinge.

## Die Expansion

Bei den Bildern zur Expansion, die uns die Wissenschaft unter Anleitung von Einsteins Wunderwelt vorlegt, frage ich mich immer wieder, warum man nicht schon lange auf die einfachste und einzig naheliegende Lösung gekommen ist?
Diese Lösung für die Ausbreitung von Materie und Energie in der Phase der Expansion ist so, wie man sie auch bei der Explosion einer Bombe in der Luft beobachten kann, mit einer Wirkung, die sich kugelförmig in alle Richtungen ausbreitet.

Im Fall des Urknalls und so auch der Expansion gibt es keinen in welche Richtung auch immer begrenzenden Widerstand, so auch keine begrenzende Hülle. Die Verbreitung erfolgt somit in das Nichts des Raumes, theoretisch sogar unbegrenzt.
Darüber hinaus scheint mir dieser Ausbruch noch lange nicht beendet, sondern hält unvermindert auch nach etwa 13,8 Milliarden Jahren an, sodass auch forthin noch Materie und Energie nachgeschoben werden. Denn diese 13,8 Milliarden Jahre seit dem (primären) Urknall sind noch sehr wenig im Vergleich zur noch erwarteten Expansion des Universums.

Die nachfolgende Materie und Energie in der auch noch die nächsten rund 331 Milliarden Jahre dauernden Expansion (zu dieser Zahl siehe Näheres im Verlauf) bringt so auch die lang vermisste Substanz hervor, um eine erneute Kontraktion durch die Schwerkraft möglich zu machen und folglich eine Expansion in die verlorene

Unendlichkeit mit einer auch unendlichen Ausdünnung zu verhindern.

Auf diese Weise wären so die fehlenden etwa 96% Masse, die diese unendliche Ausdehnung des Weltalls mit der totalen Ausdünnung verhindern, diese 96% wären womöglich eine Größe, an der wir auch die noch anhaltende Expansion ablesen könnten.

Denn wenn seit Beginn des Urknalls etwa 13,8 Milliarden Jahre vergangen sind und dabei, die wohl jüngste Erkenntnis, 4% der erforderlichen Masse aus dem Zentrum, der Singularität, ausgespuckt wurden (früher hieß es 10%), dann müsste die Gesamtdauer des Urknalls und damit der immer schneller werdenden Expansion bei ca. 345 Milliarden Jahren liegen! (Die zuvor genannte Zahl [rund 331 Milliarden] ergibt sich daraus, dass die bereits abgelaufenen etwa 13,8 Milliarden Jahre abgezogen werden müssen.)

Mit diesem ganz anderen Bild des Urknalls erscheinen bestimmte Vorgänge in einem anderen Licht, wenn sich z.B. ganze Galaxien einander nähern und zu größeren Haufen zusammenfinden, wobei hier und da auch die Schwerkraft das Chaos besiegt und so z.B. aus zwei kleineren Galaxien eine neue, eine größere Galaxie entstehen lässt.

Dennoch müsste das unvermindert anhaltende Chaos aus dem noch lange nicht beendeten Urknall die tragende Rolle spielen auch für die weiteren Milliarden Jahre. Das entspricht ganz dem Wirken der Quantennatur, wenn sie neben dem Chaos auch die Ordnung, in diesem Fall die Auswirkungen der Schwerkraft, geschehen lässt.

Die Dauer der Expansion wäre so auch gleichzusetzen mit der Umkehr der Kontraktion bis zur Singularität. Folglich hätte auch die vorausgegangene Kontraktion vielleicht 345 Milliarden Jahre gedauert. Nur mit dem Unterschied, dass wir es am Beginn des Urknalls mit dem reinen Chaos zu tun haben, während am Ende der Expansion wohl immer eine nahezu ideale Ordnung herrscht.

Man kann jedoch nie davon ausgehen, dass sich die Ereignisse in der exakten Umkehr wiederholen, soweit es um die Entstehung der Atome von Materie und schließlich von Zeit geht. Denn die identischen Atome der Kontraktionsphase können sich schon wegen des unbestimmbaren Wirkens der Quantennatur nie in der Expansion wiederfinden.

Und auch nicht können wir, die wir in der Expansion zunächst geboren und dann gestorben sind, in der Phase der Kontraktion, umgekehrt, zunächst sterben und dann geboren werden, zumal Zeit ohnehin ganz andere Strukturen hat als von Einstein und seinen Epigonen angenommen. Denn der Zeitpfeil bleibt derselbe in der Kontraktion wie er in der Expansion war: nur vorwärts, nie rückwärts. Daher muss der Mensch auch zunächst geboren werden, bevor er stirbt – ein ehernes Gesetz im Prozess des Werdens und Vergehens.

Zu diesem Komplex der Expansion gibt es die Theorie vom stabilen Zustand eines bereits ewig währenden Universums, die so genannte **Steady- State-Theorie** der englischen Astronomen Fred Hoyle, Hermann Bondi und

Thomas Gold[5]. Ihre Theorie war die Kampfansage an die Urknall-Theorie, weil sie glaubten, dass ständig neue Atome erzeugt würden.

Die ständige Erzeugung neuer Atome – so weit gehen auch meine Überlegungen. Jedoch hatten die drei den entscheidenden Fehler gemacht, dass sie von einer Existenz des Weltalls ohne einen Anfang, also ohne einen (primären) Urknall ausgingen. Das aber kann nicht sein. Es muss alles einen Ursprung haben, sonst wäre die Welt auf der Ebene von Materie und Energie bereits unendlich groß, im wahrsten Sinne des Wortes: **unendlich groß**.

Wie schon zuvor gesagt, halte ich jedoch eine noch lange fortdauernde Entstehung von Atomen nahe dem Zentrum allen Geschehens – das Zentrum ist die Singularität mit der innewohnenden Urkraft – für möglich, weil sie auch alle fehlende Materie und die noch ungebrochene und sogar stetig schneller werdende Ausdehnung des Universums plausibel macht.
(Zur Erinnerung: Unter **Universum** oder auch **Weltall** verstehe ich immer nur den Bereich der Ausdehnung von Materie und Energie ohne eine Begrenzung durch den Raum, also ein Vorgang, der allein Raum greifend ist, niemals Raum schaffend!)

Wahrscheinlich aber – nachfolgend ein sehr schöner Gedanke, der offene Fragen sinnvoll beantwortet –, wahrscheinlich sind genau die von mir zuvor genannten

---

5  Die Steady-State-Theorie (Gleichgewichtstheorie) der Astronomen **Fred Hoyle**, **Hermann Bondi** und **Thomas Gold** wurde 1948 in den Monthly Notices der Royal Astronomical Society, vol. 108, 252-270 bzw. vol. 108, 372-382 erläutert. Sie war als Alternative zur Urknall-Theory gedacht. Sekundär-Quelle: **de.m.wikipedia.org/wiki/Steady_state**

345 Milliarden Jahre der Expansion die Grundlage zur Berechnung des Gesamtalters unseres Universums, wobei die bislang von der Astrophysik errechneten 100 Billionen Jahre überhaupt keine Rolle mehr spielen, vielmehr arg daneben liegen, also falsch sind.

Denn man nehme zunächst mal diese 345 Milliarden Jahre, denen aber noch einige Milliarden Jahre der sich stark verzögernden Ausdehnung bis zur relativen Ruhe folgen würden.
Ich habe hierzu allerdings keinen Anhaltspunkt, um eine halbwegs genaue Zahl der Jahre für die sich verzögernde Ausdehnung zu nennen. (Physiker können das wohl berechnen.)

Man kann jedoch davon ausgehen, dass sie nicht noch mal 345 Milliarden Jahre oder sogar länger dauern wird. Ich sage mal, um es mit einer grob geschätzten Zahl auch anschaulich zu machen, es sind 55 Milliarden Jahre des Ausklangs der Expansion. Somit hätten wir eine Gesamtzahl der stark expandierenden und dann sich verzögernden, einer bis zum Stillstand immer langsamer werdenden Ausdehnung von 400 Milliarden Jahren.

Nach einem kurzen Verharren von vielleicht ein paar Milliarden Jahren mit dem Zustand einer relativen Ruhe und Ordnung findet derselbe Prozess in umgekehrter Richtung statt, in die der Kontraktion, wobei sich die Vorgänge in ebenso umgekehrter Reihenfolge wiederholen.

Das heißt: Wir haben zunächst eine langsam sich steigernde Geschwindigkeit (die Trägheit der Masse), die erst nach wieder 55 Milliarden Jahren in eine wesentlich stärkere Beschleunigung übergeht, eine Beschleunigung, die aus der zuvor gewesenen zunächst relativ langsamen, dann aber plötzlich hervorgeht und die wiederum der entspricht, wie wir sie auch am Ende des sekundären Urknalls hatten, als kein Schub mehr aus dem primären Urknall des Uranfangs hervorging.

(Mit primärem Urknall meine ich den absoluten Beginn der Umkehr von der Kontraktion zur Expansion, ein Vorgang, den man eigentlich nur als Urknall versteht. Dies ist der winzige Bereich, den man mit 10 hoch minus x Sekunden festgelegt hat, wobei x bei 43 liegt.)

Die oben genannte wesentlich stärkere Beschleunigung bei der Kontraktion erfolgt so aber auch als ein erneut umgekehrter Vorgang vom Prozedere der Expansion.
So endet die Kontraktion schließlich wieder in der Singularität, wohin alle Materie, bzw. die Energie, in einem stark beschleunigten Kollaps zusammenstürzt. Das entspricht dem primären Urknall in die allerdings umgekehrte Richtung.

Davon ausgehend, erfolgt der erneute Urknall, aus dem im schon ewig währenden Prozess des Werdens und Vergehens eine neue Welt hervorgeht, die sich aber wegen der Unbestimmbarkeit im Wirken der Urkraft nicht identisch wiederholen kann, sodass wir selbst in dieser neuen Welt auch nicht wieder sein können.

Nur die Naturgesetze, das notwendige „Gerippe" für Materie+Energie und Sein+Zeit, entsteht wieder völlig identisch. Allein die Urkraft konnte und kann, im Gegen-

satz zu den Grundkräften, nie zerstört werden und daher muss sie auch nicht immer wieder neu erstehen.
Ohnehin wäre durch die Zerstörung der Urkraft die Umkehr von der Kontraktion in den Urknall gar nicht möglich, sodass auch alles, was ist, schon vor unendlich langer *Zeit zum Tode verurteilt gewesen wäre, weshalb auch wir selbst nie hätten sein können.

Allerdings, wenn wir nun in diesem Prozedere nicht ein erneutes Mal auf der Weltenbühne erscheinen, so macht das überhaupt nichts und tut uns als Toten auch nicht im Geringsten weh. Denn es hat uns in gleicher Weise nicht gestört, als schon die unendlich vielen Abfolgen des Werdens und Vergehens der Welten vor unserem eigenen Erscheinen stattfanden.
Genauso wenig wird es uns stören, wenn wir nicht mehr dabei sind, so in der Zukunft die unzähligen Welten erneut hervorkommen und vergehen. Denn mit unserem Tod verflüchtigt sich die als Zeit disziplinierte und vitalisierte Energie diffus im Raum und kann nie wieder den identischen Zustand annehmen, den sie vor unserem Tod hatte.

Folglich haben wir selbst auch keine Rezeptoren mehr, um noch irgendwelche Reize zu empfangen und uns so auch irgendwelche Gedanken darüber machen zu können, was hernach, nach unserem Tod, ist und geschieht. Daher ist das alles für uns völlig unerheblich, so wir gestorben sind, denn **der Tod ist wie nie geboren**.

Nur aber als Lebende stört es uns. Und das ist auch der Grund dafür, dass das Ziel sinnvoller Evolution das ewige Leben ist, ob in den Wunderwelten der Religionen oder jetzt auch auf der soliden Basis der Naturgesetze, siehe meine Ausführungen unter dem Oberkapitel **Das Herz der Weltformel** in Band 2.

Bei den nachfolgenden Betrachtungen zum Weltenzyklus mag lediglich das Prinzip stimmen, während die hierzu genannte Dauer nur als spekulativer Anhaltspunkt dient. Das Gesamtalter unserer Welt setzt sich demnach zusammen wie folgt:

**345 Milliarden Jahre der sich beschleunigenden Expansion: der Urknall**
+
**55 Milliarden Jahre der sich verzögernden Expansion: der Auslauf**
=
**400 Milliarden Jahre der gesamten Expansion**

Hierauf folgt nach einer relativen Ruhe, des Verharrens und der Ordnung von einigen Milliarden Jahren die Phase der Kontraktion in umgekehrter Reihenfolge:

**55 Milliarden Jahre der sich mählich beschleunigenden Kontraktion: der Anlauf**
+
**345 Milliarden Jahre einer vehement sich beschleunigenden Kontraktion mit am Ende dem Kollaps in die Singularität**
=
**400 Milliarden Jahre der gesamten Kontraktion**

An diesem Punkt folgt jedoch keine \*Zeit der relativen Ruhe, denn der unendliche Widerstand nach Erreichen

der Singularität provoziert eine unmittelbare Richtungsänderung für das, was es nur noch in der Singularität gibt, sodass hieraus ein spontaner neuer Urknall hervorgeht.
Aus meinen Überlegungen resultiert somit ein Gesamtalter des Universums von

**800 plus x Milliarden Jahre der relativen Ruhe.**

Das ist jedoch nur ein einziger Zyklus innerhalb unendlich vieler Zyklen des ewigen Werdens und Vergehens, Zyklen, die es daher auch schon vor unserer eigenen Welt gab und die es ebenso nach unserer Welt geben wird. Und es hat auch nie einen absoluten Anfang gegeben und wird nie ein absolutes Ende geben – panta rhei!

Das von mir errechnete Alter des Universums hat somit nicht im Geringsten noch etwas mit dem bislang errechneten Gesamtalter und dem angenommenen Wärmetod in 100 Billionen Jahren zu tun.
Eine Annahme von der absoluten Begrenzung des Alters der Welt widerspricht ohnehin nicht nur den Eigenschaften der Urkraft, sondern wirft auch unweigerlich wieder die Frage auf: Was war vor und was wird nach den 100 Billionen Jahren sein?

Das Leben, die lebendige Natur, kann in diesem Zyklus auch nahezu immer fortbestehen: einmal, siehe unsere Welt als Vorbild, ab etwa 10 Milliarden Jahren nach dem Beginn der Expansion und das andere Mal, auf dem Rückweg, bis zu dem Punkt, wo die Kontraktion nur noch etwa 10 Milliarden Jahre bis zum Einsturz in die Singularität dauert.

Somit muss man 20 Milliarden Jahre in einem einzigen Zyklus des Bestehens der Welt abziehen, um auch die Wahrscheinlichkeit der Gesamtdauer des Lebens zu berechnen.

Mit meiner Theorie hat sich aber auch die Frage in Luft aufgelöst, die Frage, was denn eigentlich nach den 400 Milliarden Jahren der Expansion passiert, bis hin zu den weiteren nahezu 100 Billionen Jahren im Wärmetod, wenn sich von da an nach der bislang vorherrschenden Theorie absolut und in alle Ewigkeit nichts mehr rühren wird.

Denn damit gäbe es nach meiner Theorie am Ende der Expansion keinen ewigen Stillstand. Vielmehr kehrt sich dort das Ereignis in sein Gegenteil. Es ist dieselbe Umkehr der Bewegungsrichtung, wie wir sie auch beim Urknall haben, nur nicht urplötzlich, sondern mählich.
Und hervorgerufen wird diese Umkehr durch die Schwerkraft, weil die nach 345 Milliarden Jahren vorhandene Masse ausreicht, um eine befürchtete Expansion in die Unendlichkeit des Nichts mit der auch unendlichen Ausdünnung zu verhindern.

Am **13.06.2011**, gab es im **ZDF** in der Sendereihe **Terra X** einen hierzu passenden Beitrag mit **Prof. Harald Lesch**. Der Titel: **Die Zähmung des ewigen Feuers**. Hierin hieß es eindeutig, dass sich unsere Welt unverändert mit steigender Geschwindigkeit (Beschleunigung) ausbreitet, was man auf das verheerende Wirken dunkler Energie zurückführt.

Nun, das eine stimmt ja, die beschleunigte Ausbreitung von Materie und Energie, und davon gehe ich auch aus. Aber die dunkle Energie, die alle Materie letztlich in eine unendliche Ausdünnung auseinandertreiben soll ..., ganz gewiss nicht! Denn das wäre wieder mal vor bereits unendlich langer *Zeit passiert, sodass es uns heute gar nicht gäbe.

Die noch ungebrochen beschleunigte Ausdehnung unserer Welt ist aber widerspruchsfrei mit einem unvermindert anhaltenden Urknall erklärbar, der sich auch nach knapp 14 Milliarden Jahren gar bis auf weitere rund 331 Milliarden Jahre fortsetzen wird, bis die noch fehlende Masse vorhanden ist, die durch ihre Schwerkraft den Prozess der Expansion umkehrt in den der Kontraktion.

----------

Zu ergänzen ist bei meinem Weltbild ein nicht unwesentlicher Umstand, eine wohl auch hier notwendige Korrektur, wie ich sie schon bei den Überlegungen zur Formel **e=mc²** machen musste:
Ich gehe davon aus, von mir zuvor begründet, dass wir eine kugelförmige Ausbreitung der Expansion haben, wobei der Ursprung – das ist die Stätte des Urknalls – im Zentrum des Geschehens liegt.

Das aber hat zur Folge, dass wir bislang auch nur einen Teil der gesamten Ereigniskugel (ich nehme mal an, nur knapp die Hälfte) erfassen können, die Hälfte also von dem Teil des Universums, der bereits mit Energie und Materie erfüllt ist, während die andere Hälfte der Kugel, die jenseits des Zentrums der Ereignisse liegt, für uns noch völlig im Dunkeln ist.

Wir brauchen daher eine Technik, die wesentlich weiter als 13½ Milliarden Lichtjahre schauen kann, mindestens 28 Milliarden Lichtjahre, denn erst hinter denen herrscht absolute Dunkelheit, weil es dort weder Materie noch Energie gibt.

Etwas genauer: Wir können bislang nicht mal ganz bis hin zum Zentrum der Expansion schauen, zum primären Urknall. Somit ist das jenseitige Geschehen, das über das Zentrum hinaus, entsprechend weiter weg als das Zentrum.
Was daher auf unserer Seite noch 1 Milliarde Lichtjahre vom Zentrum entfernt ist, hat sein Gegenstück jenseits des Zentrums mit ebenso einer Position von 1 Milliarde Lichtjahre vom Zentrum weg. Und das wiederum bedeutet, dass es von uns aber knapp 14,8 Milliarden Lichtjahre entfernt ist. (Die knapp 13,8 Milliarden Lichtjahre unserer eigenen Position plus die 1 Milliarde Lichtjahre, die über das Zentrum bis zu dem eben genannten Gegenstück hinausgehen.)

Und was diesseits von uns 5 Milliarden Lichtjahre entfernt ist, liegt daher 8,8 Milliarden Lichtjahre vor dem Zentrum, während die Entsprechung jenseits des Zentrums wiederum dieselbe Entfernung vom Zentrum hat, von uns aus gesehen daher etwa 22,6 Milliarden Lichtjahre. (Das ergibt sich aus den exakt 13,8 Milliarden Lichtjahren bis hin zum Zentrum plus die exakt 8,8 Milliarden Lichtjahre über das Zentrum hinaus, in der Summe also 22,6 Milliarden).

**Schwierig und für den Laien, wie auch für mich, völlig unübersichtlich wird die Tatsache,** dass wir ja keineswegs an der Peripherie des Weltalls liegen, soweit es raumgreifend mit expandierender Materie und Energie erfasst ist. Man muss unsere eigene Position hierbei berücksichtigen.

Weil nun jedoch die jenseits des (primären) Urknalls liegende Hälfte für uns noch nicht erfassbar ist, könnte es sein, dass es in Wahrheit bereits die doppelte Masse der bis heute berechneten Materie und Energie gibt oder sogar noch mehr, wenn man unsere eigene Position berücksichtigt.

Damit aber wäre das Gesamtalter des Universums auch nur etwa halb so groß oder noch kleiner, als ich es zuvor berechnet habe, nämlich bestenfalls **400 plus x Milliarden Jahre der relativen Ruhe.**

Diese Ergänzung mache ich im Januar 2014 nur mit Vorbehalt und überlasse es den Astrophysikern, die das sicher besser berechnen können als ich, zumal ich nicht mal weiß, ob hier nicht doch ein Fehler bei den gerade gemachten Überlegungen vorliegt.

Allein im Grundsätzlichen muss ich mich nicht korrigieren, soweit es um die kugelförmige Ausdehnung von Materie und Energie geht und um das wesentlich geringere Alter unserer Welt, das sich nur im Bereich von etwa 400 bis 800 Milliarden Jahren bewegen kann. Und das wiederum umfasst auch nur einen Zyklus des ewigen Werdens und Vergehens der Welt: vom erneuten Urknall bis zum erneuten Einsturz in der Umkehr bis zur Singularität.

Das hat daher auch nichts, absolut nichts mit dem möglichen Ende allen Geschehens weder in 30 Milliarden Jahren, wie von Stephen Hawking vermutet, noch in 100 Billionen Jahren zu tun. Denn ein absolutes Ende ohne einen neuen Anfang hätte es bereits vor unendlich langer *Zeit geben müssen, sodass wir selbst heute gar nicht existieren könnten.

Und ohnedies verbietet die Urkraft ein absolutes Ende, weil sie selbst zerstörbar wäre – schon das ganz und gar erneut ein Unding. Denn die Urkraft selbst ist es, die zerstört und neu erschafft.

## Die Kosmologie

Lt. Einsteins Kosmologie, seinem Bild von der Welt, ist diese offenbar eine Scheibe, was man wissenschaftlich ermittelt haben will, weil bei den Vermessungen von Sternenkonstellationen mithilfe des Dreiecks die Winkelsumme immer exakt 180° beträgt, nicht mehr, nicht weniger.

Etwas anderes hätte ich auch nie erwartet. **Natürlich darf es keine Ausnahme geben!** Das hätte ich mit Gewissheit vorhersagen können, ohne die Messergebnisse zu kennen. Denn zum einen ist die Welt kein Heißluftballon, womit der Raum im Bereich von Materie und Energie gekrümmt sein müsste, und die Winkelsumme größer als 180° wäre.

Zum anderen ist der Kosmos auch keine flache Scheibe, was man mit den Messergebnissen von, ohne Ausnahme, 180° bewiesen haben will. Denn das ist nur einer der vielen Trugschlüsse in Einsteins Wunderwelten.

Diese 180° bei der Vermessung von Sternenkonstellationen sind also keineswegs der Beweis dafür, dass der Kosmos eine Scheibe ist. Jedoch ist es der Beweis dafür, dass wir genau die Ausbreitung des Weltalls und somit die von Materie und Energie haben, wie von mir nachfolgend beschrieben.

In meinem Bild von der Welt können wir nur ausschließlich das Ergebnis 180° erhalten, völlig unabhängig davon, an welcher Stelle des Universums wir sind – ob am äußersten Rand und im Süden, Norden, Westen oder Osten dieser Welt oder auch ganz hinten oder ganz vorn oder gar tief innen, noch sehr nahe am Zentrum der Expansion, an der Singularität.

Wir erhalten bei den Messungen immer nur das Ergebnis der Trigonometrie der flachen Ebene mit 180°, nie der sphärischen Trigonometrie mit mehr als 180°.
Die 180° erhalten wir zwar auch, wenn wir von der Welt als Scheibe ausgehen, hierbei aber gibt es das Paradox der Begrenztheit des Kosmos, ihm fehlt dort eine signifikante 3. Dimension.

Das aber ist nicht erlaubt, weil es einem auch nur begrenzten Wirkkreis der Urkraft gleichkäme, so, als ob der Urknall, und mit ihm die Expansion von Materie und Energie, aus einem engen Spalt der Singularität heraus entstanden wäre, sodass sich in der Folge auch eine flache Pfütze aus Milchbrei ergeben hätte, der jedoch diese signifikante 3. Dimension fehlen würde.

Das verbietet der Wirkkreis der Urkraft, der nicht nur allgegenwärtig, allmächtig und alles durchdringend, son-

dern auch, soweit es die Richtungen angeht, unbegrenzt ist. Und diese Kraft war vor allem Anbeginn und seit allem Anbeginn und wird auch in alle Ewigkeit sein. Alles andere ist ohne Sinn.
Schließlich, in der Sendereihe **scobel** des Senders **3sat**, hier die Folge am **18.08.2011** mit dem Titel **Rätsel Dunkle Materie** (Erstsendung in 2010.), war mit Blick auf den Einsteinkult interessant, dass man inzwischen wohl doch nicht mehr bedingungslos einsteingläubig ist. Vielmehr kam auch ein Wissenschaftler kurz zu Wort, der Einsteins Theorie über Raum und Zeit schlicht für falsch hielt.

Sehr bemerkenswert – es tut sich was! Das mag sicher sein wegen meiner schon vorab über Jahre anhaltenden Kritik an Einstein. Davor hatte ich nie etwas Ähnliches gehört, ausgenommen der noch junge, von mir bereits am Beginn des Buches angesprochene Eintrag bei Wikipedia zum Schisma der Physik, der aber schnell wieder gelöscht wurde, weil er schlecht gewesen sein soll.

----------

Damit verlasse ich Einsteins Wunderwelt. Das Fazit:
Wissen ist in der Tat begrenzt, insoweit hatte er, Einstein, ohne Zweifel Recht. Dennoch darf man aufgrund dessen nicht anfangen, wider alle Naturgesetze zu fantasieren und das auch noch als Erkenntnis zu verbreiten. Vielmehr ist hier die intellektuelle Bescheidenheit angesagt, die Demut vor dem rätselhaften Unerkannten.

Einsteins Fantasien gehören schlicht in ein Märchenbuch und nicht in eine wissenschaftliche Auseinandersetzung.

Denn auf diese Weise können unbedarfte Kinder sogar darüber staunen und sich begeistern, und Erwachsene dürfen ob so viel Fantasie wohlwollend lächeln.

Aber niemand soll nun sagen, der Bohnet sei schlauer als Einstein. – Pardon, das wäre eine Beleidigung, denn sein totales Unvermögen ist kein Vergleichswert.
Man kann jedoch sagen: „Der Bohnet hat Einstein den Platz zugewiesen, der ihm gebührt."

Schlussendlich bleibt anzumerken, dass ich bei der vorausgegangenen Themenauswahl zu Einsteins Sicht auf die Welt eine schon vor einigen Jahren im Fernsehen gezeigte **Reihe** mit **Prof. Harald Lesch** von der Ludwig-Maximilian-Universität in München zur Grundlage genommen habe. Das Programm lief wohl in einem Nebensender des ZDF; den Termin kann ich leider nicht mehr nennen.

----------

Ein **Nachtrag** im September 2018:
Nach neuesten Erkenntnissen soll das Zitat von der unendlichen Dummheit der Menschen, siehe die Erwähnung ganz am Beginn dieses Hauptkapitels, gar nicht von Einstein stammen … Hahaha, es darf gelacht werden. Denn hier will man sicher nur seine eigene unendliche Dummheit aus der Welt schaffen, die durch meine Erkenntnisse ja auch weltweit zur Kenntnis genommen wurde.

Aber nicht nur das. Ich hatte schon ganz am Beginn meiner Angriffe, nicht nur gegen Einstein, in den

inoffiziellen Schriften ebenso und stark in Zweifel gezogen, dass die Formel E=mc² von ihm stamme. Aus folgendem Grund:
Zur Relativitätstheorie hatte ich in der Buchausgabe von **Der Große Brockhaus Kompaktausgabe (aktualisierte Ausgabe von 1983)** eine etwas schwammige Erklärung gelesen, woraus man auch schlussfolgern konnte, dass die Formel bereits von anderen Wissenschaftlern erfunden wurde.

Das wiederum würde jetzt genau zu dem passen, was man über das Zitat von der Dummheit der Menschen sagt, wonach dies gar nicht von ihm sei.
Doppeltes Pech aber für Einsteins eigene „unendliche Dummheit". Denn würde man auch seine „berühmte Formel" widerrufen, würde man nicht nur offiziell seinen geistigen Zustand preisgeben, sondern auf diese Weise meinen Erkenntnissen breite Anerkennung verschaffen.

Das will man jedoch unbedingt vermeiden. Vielmehr werden in einschlägigen Sendungen mit notorischer Penetranz immer wieder Einsteins Verdienste bei den Fragen zu Raum und Zeit erwähnt, nach meinen Beobachtungen allerdings an den unmöglichsten, weil völlig zusammenhanglosen Stellen. **Erbärmlich, erbärmlichst!** Denn Einsteins Fürsprecher geben damit auch ihre ganz eigene „unendliche Dummheit" preis.

# DER URKNALL, DIE SINGULARITÄT UND DAS NICHTS

Grundsätzlich halte ich den Urknall für die bislang einzige plausible Erklärung zur Entstehung der Welt, weil es unter dieser Voraussetzung keine Widersprüche bei den Beobachtungen zum Verhalten von Materie und Energie gibt, die sich in unserem Universum ausgebreitet haben und ungebrochen auch weiter ausbreiten, sogar mit fortschreitender Beschleunigung.

Damit überhaupt ein Urknall entstehen konnte, von dem eine nach fast 14 Milliarden Jahren auch heute noch ungebrochene Energie ausgeht, musste es etwas gegeben haben, wo diese Energie in einem einzigen Punkt konzentriert war, in einer extremen Besonderheit, einer Singularität.

Aber davor musste wiederum etwas gewesen sein, das zur Singularität wurde, das so denn in die Singularität eingestürzt war. Und das konnte nur exakt die Welt gewesen sein, wie sie im ewigen Rhythmus des Werdens und Vergehens bis zu diesem Punkt kontrahiert ist, nachdem sie vor der Kontraktion auch so expandiert war, wie z.Z. unsere Welt der Gegenwart es nachgewiesen macht.

An diesem Punkt des Erreichens der Singularität, nach der letzten Phase der Kontraktion, des Einsturzes in die Singularität, gab es keine andere Möglichkeit als die Änderung der Bewegung in die entgegengesetzte Richtung, weil alles sonst in der Tat am Ende gewesen wäre, auch die Urkraft, sodass ihr Wirken nur begrenzt und letztlich ausgelöscht sein müsste.

Das aber war und ist nie möglich, weil es uns und unsere Welt nicht gäbe, da dies Ereignis vom Erlöschen der Urkraft bereits vor unendlich langer *Zeit hätte gewesen sein müssen.

Die Urkraft wirkt jedoch auch in der äußerst möglichen Form des Gewesenen, dann, wenn Materie und Energie nur noch als reine Energie in der Singularität vorhanden sind und dennoch nicht ins Nichts entkommen. Und das können sie auch nicht, weil sie bereits im Nichts sind, im Raum, der das Nichts ist! Und ein anderes Nichts als den Raum gibt es nicht.

Nur scheinbar endet so denn die Urkraft an diesem Punkt, während sie hier jedoch nur die andere Bewegungsrichtung hervorruft, weil sie stets in allem wirkt, was ist. Damit ändert allein das, was in die Singularität eingestürzt ist, seine Richtung. So wird mit dieser Änderung der Richtung aus dem großen Kollaps der große Knall, der Urknall.

Bei dem Vorgang der Kontraktion wird im Fachjargon der Begriff „Krümmung" verwendet. Das ist hierbei jedoch nicht das Charakteristische. Vielmehr ist es der Einsturz bzw. die Implosion bis in die Singularität. Daher vermeide ich bei meinen Betrachtungen auch zumeist die Bezeichnung Krümmung.

Mit meiner Definition haben wir auch das exakte Gegenstück zur Explosion: Die Implosion erfolgt in die Singu-

larität, und die Gegenrichtung aus der Singularität wieder heraus ist die Explosion, die wir auch den Urknall nennen. Und daraus folgt wiederum die Expansion oder der sekundäre Urknall.
Eine Krümmung bis in die Singularität ist demgegenüber nicht das Gegenstück zur Explosion; denn das eine ist ein mähliches und das andere ein urplötzliches Ereignis.

Dass in diesem Prozess nicht die Urkraft ihre Richtung ändert, sondern nur das, worin sie enthalten ist (sie ist in allem vorhanden!), wird an folgendem Beispiel klar:
Auch in mir, wie in jedem Menschen, ist das Wirken der Urkraft erkennbar, weil sie alles durchdringt, allgegenwärtig und allmächtig ist.
Wenn ich nun im Straßenverkehr meine Richtung ändere, dann hat das einen Grund. Es ist z. B. das Ziel, das ich nur auf dem geänderten Kurs erreiche, oder es ist eine plötzliche Gefahr, die vor mir auftaucht und der ich ausweichen muss, um das Geschehen zu harmonisieren und ohne Schaden weiterfahren zu können.

Soweit es nun um mein eigenes Verhalten im Straßenverkehr geht, habe ich so denn, aus welchem Grunde auch immer, meine Richtung geändert. Jedoch wurde die Urkraft davon nicht beeinflusst, weil sie in mir ist, in mir wirkt. Sie kann auch nicht beeinflusst werden, nur aber der Ablauf des Geschehens. Das führt dazu, dass dies Geschehen harmonisiert wird, weil ich z.B. einer Gefahr ausgewichen bin.
(Die Harmonisierung des Geschehens ist im Übrigen die Maxime der Forderung an den Menschen im Wirken der Urkraft, weil es sonst Unstimmigkeiten und chaotische

Zustände gibt, die bis hin zu lebensbedrohenden Turbulenzen führen und schließlich sogar zum Tod.)

Die beschriebene Charakteristik der Richtungsänderung geschieht so auch in der Singularität, weil das gewandelte Vorhandene, das in ihr noch enthalten ist, nämlich reine Energie –, es hat gar keine andere Möglichkeit, als die Richtung zu ändern; denn die Urkraft wirkt auch in dieser äußerst möglichen Form dessen, was noch ist und wir unter dem Begriff Singularität verstehen.

Der Beweis für die Umkehr der Richtung ist damit gegeben, dass es etwas gibt, so auch uns selbst, während es uns aber nicht gäbe, wenn die Urkraft mit der Singularität in ein (anderes) Nichts entkommen wäre, sodass wir das absolute Nichts hätten, d. h. nur noch den Raum, der zunächst mal das relative Nichts ist, weil in ihm etwas vorhanden ist und geschieht.
Aus dem Nichts jedoch wird nichts und kommt nichts heraus – ein ehernes Gesetz, das durch nichts zu erschüttern und zu widerlegen ist. Es kann nur im Nichts selbst (im Raum) etwas sein und geschehen.

Das Entweichen in das Nichts mit dem Ergebnis des absoluten Nichts hätte im Gegensatz dazu wieder mal vor schon unendlich langer *Zeit passieren müssen, und auch uns gäbe es überhaupt nicht!
Jedoch der umgekehrte Vorgang im Urknall, wo die Singularität in das Nichts hinein – in den Raum! - explodiert, ist demgegenüber nicht ein Entgleiten ins Nichts, sondern das **Raumgreifen** durch Materie und Energie im Nichts, also im Raum, sodass auch etwas ist, schließlich sogar wir selbst.

## DIE BEIDEN EBENEN
## MATERIE+ENERGIE UND SEIN+ZEIT

Wenn vom Materialismus einerseits und dem Geistigen andererseits gesprochen wird, so reicht das nicht, denn die eine Ebene besteht nicht nur aus Materie und die andere nicht nur aus Geist.

Ich unterscheide daher die beiden Ebenen, auf denen sich sowohl im Makro- wie im Mikrokosmos alles ereignet, wie folgt:

- **Materie und Energie, kurz: Materie+Energie oder M+E**

- **Sein und Zeit, kurz: Sein+Zeit oder S+Z**

Ich unterscheide somit in einer Weise, wie es noch nie in der Wissenschaft vorgeführt wurde.

Betrachtet man das Universum als Ganzes, so gibt es auf der Ebene lebloser Materie nur noch die Energie, sodass ich hier von der Ebene **Materie+Energie** spreche.

Die Atome der Materie wiederum haben eine Hülle und einen Kern, wobei der Kern, der **Atomkern**, nichts anderes ist als **disziplinierte Energie**. Die Bedeutung der im Kern eingeschlossenen Energie wird sehr auffällig, sobald es zur Kernspaltung oder Kernfusion kommt:

Die Kernspaltung, eine unkontrollierte Explosion, kennen wir von der Atombombe. Wir wissen von den verheerenden Auswirkungen dieser Explosion, die sogar global des Menschen Existenz bedrohen.

Die hingegen kontrollierte Explosion, die Kernfusion, kennen wir vom Kernreaktor Sonne. Es ist eine Verschmelzung, die uns, im Gegensatz zur Kernspaltung, das Leben geschenkt hat und erhält.

Die zweite Ebene ist die von lebendiger Natur, wo das Leben von der Pflanze über das Tier bis hin zu uns selbst ist, zum Menschen.

Ein anderes Wort für das Leben unbewusster Natur, siehe Flora und Fauna, ist das einfache **Dasein**, während die Natur, die ein Bewusstsein entwickelt hat und zu der in bedeutendem Umfang nur der Mensch gehört, das **Sein** ist.
Allerdings spreche ich der Einfachheit halber fast ausnahmslos vom Sein, so auch von der Ebene Sein+Zeit, auch wenn es die unbewusste Natur mit einschließt.

Auch auf dieser Ebene lebendiger Natur haben wir gleichermaßen die Energie, wie sie auf der Ebene von Materie+Energie zu finden ist. Und auch hier hat das Sein, also das Leben, Atome und einen Kern, in dem diese Energie eingeschlossen bzw. diszipliniert ist.
Darüber hinaus ist hier die Energie aber nicht nur diszipliniert, sondern auch vitalisiert. Es ist so denn die **disziplinierte und vitalisierte Energie**, die als Kern in der Hülle Sein und so auch in jedem einzelnen Menschen vorhanden ist.

- Somit gibt es einen wesentlichen Unterschied zwischen den beiden Ebenen: **Materie+Energie funktioniert, Sein+Zeit lebt.**

Aber auch Materie-Atome bzw. -Moleküle sind in den Sein-Atomen zuhauf. Man denke an die Spurenelemente, an Magnesium, Calcium, Kalium, Eisen und anderes mehr, ohne die unsere Hülle Sein wie auch der ihr innewohnende Kern, die Zeit, gar nicht möglich sind.

Das Gute dieser vitalisierten Energie nennen wir die Seele, während das Böse den dunklen Trieben vitalisierter Energie folgt; wir sagen dazu auch: „Er hat kein Herz", womit die Seele gemeint ist.

Für den Kern im Sein haben wir aber ein ganz anderes Wort, das jeder kennt und zuvor auch schon von mir angedeutet. Dieser Kern wurde aber noch nie richtig zugeordnet, wenn ich mal von gewissen Ansätzen bei den beiden großen Philosophen Augustinus und Kant absehe, siehe ein Folgekapitel mit dem Titel **Was ist der Mensch und was die Gottheit?**

Wir nennen diesen Kern die **Zeit**. Daher auch ist dies die 2., die gehobene Ebene, die von Sein+Zeit. Und ich spreche auch von den Zeit-Atomen, zu denen der Mensch gehört, seltener von den Sein-Atomen.
Zeit- oder Sein-Atome stehen daher den Materie-Atomen gegenüber. Und beide haben jeweils einen Kern, den Atom-Kern dort und den Sein-Kern hier, den ich aber schlicht Zeit nenne, weil Zeit die Wesenheit des lebendigen Kerns von Sein ist.

Das jedoch über jedes Maß Erstaunliche und ganz Neue in der Erkenntniswelt des Menschen: Nicht nur der Kern lebloser Materie-Atome, sondern auch der Kern lebendiger Zeit- oder Sein-Atome kann unkontrolliert oder kontrolliert explodieren. Daher auch meine Rede von der verborgenen Weltformel in der Liebe, genauer: dort, wo Liebe explodiert.

Entscheidend ist also auch hier, auf der Ebene von Sein+Zeit, ob diese Liebe in ihrer mörderischen Gestalt mit dramatischen und schlimmen Folgen **unkontrolliert** oder ob sie mit weniger spektakulären, aber segensreichen Folgen **kontrolliert** explodiert und in diesem Prozess, an dessen Ende die Vollendung von Liebe steht, eine Gottheit hervorbringt. (Siehe dazu meine Ausführungen im Band 2.)

Aber auch ein zweites markantes Merkmal ist hier abzulesen: Diese kontrollierte oder unkontrollierte Explosion ist nur in **dem** Sein möglich, wo auch die Liebe als vierte Grundkraft des Lebens existiert. Das aber ist allein der Mensch, denn das Tier kennt keine Liebe.

Jedoch - dort, wo der Mensch keine Seele mehr hat, weil ihm das angeboren ist oder die Umstände, die äußeren Bedingungen, seine Seele zerstört haben, dort nennen wir diese Explosion auch richtig den **Amoklauf**.

Es ist ein Amok der nur noch vorhandenen dunklen Triebe. Denn dieser Mensch, dem, auf welche Weise auch immer, die Seele genommen ist, einem für ihn unerträglichen Druck nicht mehr standhält, und er nur noch einen Ausweg darin findet, Leben gezielt zu vernichten. Denn das bringt ihm bei seinem Kampf um das eigene Überleben das allerdings nur noch trügerische Gefühl der Überlegenheit.

# DER ZUFALL UND DIE KAUSALITÄT

Im später folgenden Kapitel **Religionen, ihr Sinn und ihre Entartung** spreche ich davon, dass der Mensch immer nur die Urkraft angebetet hat, sooft er glaubte, vielen Göttern oder auch nur einem Gott zu dienen.

Es war immer nur das Unergründliche und Gegensätzliche: das Chaos und die Ordnung, die Trauer und die Freude, der Schmerz und das Wohlbefinden, das Unheil und das Heil, das Unglück und das Glück, der Hass und die Liebe, der Unfrieden und der Frieden und was alles der Mensch als gottgegeben verehrte.

Jedoch ist die Urkraft kein Gott, weil sie nicht würdig ist, ein Gott zu sein, da sie nicht unterscheidet, nicht unterscheiden kann zwischen Gut und Böse.

Und die Urkraft interessiert und berührt es auch nicht, ob ich an sie als einen Gott glaube oder nicht. Sie erschlägt den Gläubigen und den Ungläubigen gleichermaßen. Und sie verschont den Ungläubigen oder den Gläubigen – wahllos und zufällig.
Und sie lässt den Gläubigen in seinen Zweifeln und seiner Verzweiflung allein wie den Ungläubigen in seiner Selbstüberschätzung, ohne ihm Einhalt zu gebieten, sodass diese Selbstüberschätzung nur zu oft in Arroganz endet und in der Ohnmacht, an den Dingen wirklich etwas zu ändern.

Und schließlich lässt sie das Gute über das Böse siegen, aber auch das Böse über das Gute – in seinem Ursprung

ohne Absicht, nur zufällig und wahllos, in der Abfolge jedoch auch kausal.
Myriaden scheinbar harmloser Zufälle gibt es, die die primär bedeutungsvollen an Zahl weit übertreffen. So reicht die Skala in der ersten Wertung der Zufälle von fast null bis Welten schaffend und Welten bewegend oder Welten vernichtend.

Einstein hat bei seinem Hinweis auf „Gott würfelt nicht" den entscheidenden und folgenschweren Fehler gemacht, dass er auf der Ebene der Harmlosigkeit stecken blieb. Wahrheit ist, dass Zufälle mit ihrer Erscheinungsform des Unerwarteten und damit der Provokation und der Herausforderung eine Wirkung haben, der eine Antwort folgt, eine Reaktion oder Reflexion, unabhängig davon, ob diese Reaktionen und Reflexionen richtig oder falsch und ihre Ergebnisse beständig oder flüchtig sind.

Mit aber der Provokation kommt auch die Kausalität hervor, das **Weil**: Weil etwas provoziert, erfolgt eine Antwort, eine Reaktion oder Reflexion bzw. ein Reflex, womit das zufällige Zusammentreffen zum Grunde wird für das, was darauf folgt.

Dieser zunächst einseitigen Kausalität folgt die beidseitige Kausalität, die wir auch richtig die Wechselwirkung nennen, das heißt, das Provozierende erfährt auf die eigene Provokation vom Provozierten auch eine Provokation, eine schiere Endloskette: panta rhei – alles ist im Fluss.

Somit ist im Urgrund kein Zufall wirklich harmlos, aber wahllos. Und er hat auch immer eine kleinere oder größere Kettenreaktion zur Folge, bei der sich mit ihren zufälligen Querverbindungen das Wahllose mit der Kausalität vermengt, sodass diese Kettenreaktion in ihrer Gesamtheit und mit ihren zufälligen Querverbindungen erst das dichte Kausalnetz aller Ereignisse und aller \*Zeiten bildet, in das alles, was ist, so auch der Mensch, unentrinnbar eingebettet ist.

Daher sind wir aber auch ohne einen freien Willen, jedoch mit einem Willen, der unseren Erkenntnissen gerecht wird, sodass wir an den Dingen – das ist das Entscheidende! – auch etwas ändern, diese Welt zum Guten ändern können, für den seit Langem gewünschten Frieden in unseren Köpfen und Herzen und in der Folge für auch den Frieden in der Welt und für ein Wohlgefallen unter den Menschen.

Im Letzten ist es so auch nicht entscheidend, ob ich einen freien Willen habe. Der Triumph des Willens mit der Bewahrung sinnvoller Dynamik in Sein und Zeit ist es, sodass die Zukunft nicht ist wild und nicht wieder liegt in der Dunkelheit! Allein der **Eros** in der Erscheinung des Menschen gibt dieser Dunkelheit erst das Licht. Und er ist es, der Gott der Liebe, der die Welt verändert.

Denn mit diesem Licht vermögen wir zu erkennen und folglich zu denken und haben daher Erkenntnisse, an denen wir unser Handeln ausrichten können, damit es den Menschen auch in der Zukunft gibt. Beim Tier ist das jedoch nicht möglich.

Erst der Mensch war es so denn, der ein wenig Licht in diese Dunkelheit getragen hat, sodass ihm auch die Alternative bewahrt bleibt für den Erhalt seiner eigenen Zukunft. Das ist jedoch nur möglich, indem wir diesen Willen den Naturgesetzen anpassen, nicht umgekehrt – das geht nicht. Denn so endet alles unweigerlich in Chaos und Untergang!

## DIE 4 GRUNDKRÄFTE DER NATUR

Es gibt 2 Ebenen, schon zuvor genannt, auf denen alles, was ist, den Naturkräften gleichermaßen unterliegt: Es sind dies

- die leblose Ebene von **Materie und Energie**
- die lebendige Ebene von **Sein und Zeit**.

Die Kräfte auf der Ebene von **Materie und Energie** sind

- **die Schwerkraft**
- **die starke Kernkraft**
- **die schwache Kernkraft**
- **die elektro-magnetische Kraft**

Auf der Ebene von **Sein und Zeit** lauten die Entsprechungen

- **die Sinnkraft**
- **der Selbsterhaltungstrieb**
- **das Selbstwertgefühl**
- **die sexuell-erotische Kraft**

Die Kräfte auf beiden Ebenen entsprechen sich in bemerkenswerter Weise und in bedeutendem Umfang:

Die **Schwerkraft** wie die **Sinnkraft** als anziehende Kräfte.

Die **starke Kernkraft** wie der **Selbsterhaltungstrieb** als die stärksten Kräfte der Natur.

Die **schwache Kernkraft** wie das **Selbstwertgefühl** als schwache, wechselwirkende Kräfte.

Die **elektro-magnetische Kraft** wie die **sexuell-erotische Kraft** mit ihrer sehr starken Anziehungskraft. Sie haben im Gegensatz zur Schwer- und Sinnkraft aber auch eine abstoßende Wirkung.

Die Gleichartigkeiten sind beeindruckend und dazu noch absolutes Neuland in der Wissenschaft, erst durch meine Erkenntnisse und Philosophie sichtbar geworden:

Die beiden Grundkräfte **Sinnkraft** u. **sexuell-erotische Kraft** auf der Ebene Sein+Zeit haben beide gemeinsam die Anziehungskraft, bei der SE-Kraft stark ausgeprägt, bei der Sinnkraft weniger stark, während Letztere jedoch auch auf weite Entfernungen ihre Wirkung zeigt, siehe die **Sehnsucht und der Wunsch nach Gemeinsamkeit, um etwa der Einsamkeit zu entfliehen**. Das sind Teile von Sinnkraft.

Dazu gehören auch der Wunsch und das Verlangen, sinnvolle Dinge in meinem Leben zu tun, die etwa der Gemeinschaft dienen und nicht nur dem eigenen Selbsterhaltungstrieb. Denn nur auch eine starke Gemeinschaft vermag große Herausforderungen zu meistern, sodass sie nicht nur dem Selbsterhaltungstrieb des Individuums, sondern auch dem auf breiter Ebene der Allgemeinheit dient.

Diese auch aus der Entfernung wirkende Kraft ist in der SE-Kraft so nicht vorhanden. Sie wirkt hingegen auf geringe Distanz, z.B. von Angesicht zu Angesicht: „Mich reizt deine schöne Gestalt" (aus Goethes **Erlkönig**).

Im Gegensatz zur Schwerkraft und Sinnkraft haben die EM-Kraft und SE-Kraft aber auch eine abstoßende Wirkung. Das erklärt im Bereich der SE-Kraft (der sexuell-erotischen Kraft) auch den ganz natürlichen Gegensatz zwischen den Geschlechtern, der stets zum Widerspruch führt, sodass mancher gar meint, dass Mann und Frau einfach nicht zusammenpassen, womit er sich schließlich aber nur die Homosexualität schönredet.

**Jedoch** – genau durch diesen Widerspruch entsteht die notwendige Provokation bzw. die Herausforderung, die eine Fusion und damit die Vollendung von Liebe überhaupt erst möglich macht.

Der hinlängliche Beweis für diese Gegebenheit:
In der Natur existiert in gleicher Weise nur der bipolare Magnetismus, der Gegensatz. Und da der Magnetismus, wie zuvor dargestellt, dem Eros entspricht, hat der Eros in seinem tiefen Sinne auch nichts mit der monopolaren Homosexualität zu tun. Dort sind folglich neben dem Trieb nur die indifferenten Emotionen zu finden, die eine Vollendung von Liebe gewiss nicht und nie möglich machen.
Das deklassiert allerdings auch in Gänze die höchst umstrittene Gendertheorie. Denn nur „Mann und Weib und Weib und Mann reichen an die Gottheit an" (aus Mozarts **Zuberflöte**).

Die Entfernung bzw. die Ferne kann allerdings auch eine trennende Wirkung haben, in der die Sehnsucht (und also auch die Sinnkraft) ihre Kraft verliert – aus den Augen, aus dem Sinn! Das liegt wohl vor allem in den zufälligen und oftmals unerwarteten Querschlägen einer Liebe begründet, wo eine andere Kraft auf uns einwirken kann, etwa eine andere Erscheinung, ein fremder Liebreiz, dem ich, magisch angezogen, folgen möchte.

Sehnsucht ist dennoch ein Teil von Sinnkraft und nichts anderes als die innige und nahezu unwiderstehliche Anziehungskraft – der Schwerkraft im Komplex von Materie+Energie entsprechend.

So ist die Sehnsucht – diese Anziehung und damit der Sinn – in der Trennung trotz der oben genannten Einschränkung eine dauerhaftere Kraft als die in der unmittelbaren und steten Nähe, wo sich die Sinnkraft zu verlieren scheint, dagegen das Sexuell-Erotische seine wilde und stürmische Kraft entfaltet: Die Nähe ist der größte Zuhälter.

Letzteres steigert sich bei großer Erhitzung, hier im intensiven Rausch der Berührung beim direkten Kontakt, derart, dass es auch die eigentlich viel stärkere Kraft des Selbsterhaltungstriebes erreicht, vielleicht auch übertrifft, zumal sich der Selbsterhaltungstrieb in der beschriebenen Situation sogar abschwächen kann.

Daher ist Orpheus (siehe das Kapitel **Orpheus und Eurydike ...** im Band 2) als Führender in der Liebe herausgefordert, dennoch die Souveränität über das Geschehen zu bewahren und die Sinnkraft durch das richtige Handeln zu erhalten, damit die Liebe nicht in sinnloser Sexualität verbrennt. Denn es wäre folglich keine Sinnkraft mehr, so auch keine Sehnsucht, kein Anschmiegen in der Liebe, vielmehr die Ernüchterung, der Frust, die Entfernung und das erneute Abstandnehmen in die seelische Isolation und Einsamkeit.

Es wäre dies die Ernüchterung, wie sie ebenso ist nach der Masturbation bzw. Onanie, auch wenn die Berührung in der Zweisamkeit intensiver ist, dennoch auch dort mit dieser Ernüchterung, wie es sie in der Liebe hingegen nicht gibt.

Sooft nun der Sexualität die Erotik fehlt, haben wir z.B. nur den billigen One-night-stand, auch ein Grund dafür, weshalb sich tödliche Geschlechtskrankheiten trotz Aufklärung nicht verhindern lassen, die Betroffenen vielmehr ihren kühlen Verstand einschließlich Selbsterhaltungstrieb verlieren und erst nach dem Geschehen wieder klar denken können und oft auch bereuen und gar bereuen müssen.

**One-night-stand** – ein schönes Wort für Sexualität ohne Liebe, ohne Sinnkraft, wonach nicht selten das große Kotzen kommt. Davor liegt noch die brachiale Gier mit dem 3-Sekunden-Blitz, der sich in der Besenkammer entlädt. Und hintenan ist es das Strohfeuer von 9 ½ Wochen, das alle Gefühle zu Asche verbrennt. Und alles in allem sind es die dunklen Triebe einer Sexualität aus eben hemmungsloser Gier, aus Frust und Wegwerfmentalität, von unseren Medien aber leider nach Kräften gefördert.

Hierzu zählt auch ein anderer markanter Spruch: „Let´s talk about sex", wie wohl auch der Titel eines Films lautet, wenn ich mich richtig erinnere. Eine Floskel, zwar grottendämlich, aber sehr schön für die entsprechende Lebenssituation, um damit die Hilflosigkeit und das Einsetzen des eigenen Unverstandes zu artikulieren. Genauso zu bewerten ist auch die FS-Serie „Sex and the City".

Denn man bildet sich tatsächlich ein, über das billige Gesabber und Zerreden einer sexuellen Beziehung an die Geheimnisse der Liebe kommen zu können, während Wahrheit ist, dass Liebe sich nur noch weiter entfernt.
Let´s talk about sex – unbedingt in unserem Sprachgebrauch beibehalten, so es um die Verzerrung und Entstellung von Gefühlen und um die erschreckende Ohnmacht im Bereich von Liebe und Sexualität geht. (Dasselbe gilt auch für den One-night-stand.)

----------

Der Aufbau der anderen beiden Naturkräfte in Sein und Zeit, gemeint sind das **Selbstwertgefühl** und der **Selbsterhaltungstrieb**, hat andere Strukturen. Aber auch sie sind eine Folge allein im Wirken der Urkraft und erhalten in der Liebe eine außergewöhnliche Belastbarkeit, Stärke und Beständigkeit, wie wir es auch bei der Sinnkraft finden.

So sind aber auch nur in der menschlichen Eigenschaft der Liebe, wo die Erotik dominant und die Sexualität untergeordnet ist, neben diesem sexuell-erotischen Kraftfeld auch die 3 anderen der Urkraft untergeordneten Grundkräfte zu finden, zu denen die **Sinnkraft** zählt, die in der einzigartigen Verbindung mit der Kraft der Erotik den Pfad sinnvoller Evolution prägt.

Im Gegensatz dazu steht dieses Kraftfeld dann, wenn die Sexualität über die Erotik dominiert, sie die Erotik und damit die Liebe erstickt und zerstört. Und dort wird sie zur Ödnis, die Sexualität, denn es ist auch keine Sinnkraft mehr, sondern nur die Sinnlosigkeit, die verlorene Sinnkraft, die Ohnsinnkraft. Aus der Sehnsucht wird die Sucht, besser: die Abhängigkeit von der Sucht, hier konkret der Sexsucht. Sehnsucht und Sucht – das eine das Schöne und Aufbauende, das andere das Hässliche und die Zerstörung und Selbstzerstörung.

Wer mir hier nun nicht so recht glauben mag, bedenke bitte, dass die reine Sexualität, millionenfach nachweisbar, eine Initialzündung für körperliche und psychische Gewalt in sich birgt wie sonst nichts. Siehe solche Wucherungen beispielhaft in der Sado-Maso-Mentalität und das Käufliche in der legalisierten und geförderten Prostitution mit etwa dem daran hängenden Menschenhandel, Zustände, die jedoch, wie auch vieles andere mehr, **schöngeredet** und uns als **ganz normal** anerzogen wurden.

Damit sage ich keineswegs, dass ich die Sexualität verdamme. Das tue ich nur, soweit sie ohne Liebe ist. Denn in der Liebe ist sie etwas Schönes und Wertvolles – das Sahnehäubchen auf einer Fülle dieser Liebe. Ohne Liebe ist sie jedoch der warme Brutofen für das Verbrechen.
Dazu lese man auch das Kapitel **Das wandelnde Durchdringen** in Band 2, im Besonderen den Teil, der beginnt mit den Worten (ohne Punkte): **Allerdings** – es gibt zu den …

----------

Gewiss sind die guten wie ebenso die bösen Eigenschaft auch in unseren Genen verankert, ohne Zweifel.
Jedoch – die Gene sind einerseits bis aus den Uranfängen des Lebens geerbt, siehe das eben genannte Kapitel im Band 2. Andererseits werden sie aber auch, von der Wissenschaft nachgewiesen, unmittelbar von den Bedingungen des Umfeldes geprägt.

Dass nun aber selbst die Liebe in ihrer extremen Metamorphose sowohl die körperliche wie psychische Gewalt noch in sich trägt …, ohne Zweifel ist das richtig, denn auch sie kann eine mörderische Gestalt annehmen. Sie ist einerseits eine Himmelsmacht, aber in der gegenwärtigen Phase ihrer unfertigen Genesis ist sie auch des Teufels Werk und Tücke.

Andererseits gibt es den alles entscheidenden Unterschied, dass sie, die Liebe, mit der Fusion von Zeit auch ihre Vollendung finden kann, die nur das Gute in sich birgt, während das in alle Ewigkeit bei der reinen Sexualität nicht möglich ist, siehe auch das Tier, das nur die Sexualität kennt.

Des Menschen Entwicklung hat sich jedoch erkennbar einer ganz neuen Dimension genähert, womit hier vorndran auch die Abwendung von der Welt des Tieres sichtbar wird. Denn für den Menschen liegt die Sinnkraft allein in dieser Abwendung, sodass es für ihn nicht mehr um das Fressen und Gefressenwerden geht und auch nicht mehr um die reine Sexualität, der die Liebe fehlt.

Und weiter: Bei ihrer Entstehung setzt die Wissenschaft auf der Ebene von Materie+Energie die Schwerkraft an erste Stelle. An letzter, vierter Stelle steht die elektromagnetische Kraft (EM-Kraft). Dazwischen liegen zunächst die starke und dann die schwache Kernkraft.

In vollständiger Übereinstimmung gibt es in der Evolution dieselbe Reihenfolge auf der Ebene von Sein+Zeit: Zunächst entstand die Sinnkraft und zuletzt die sexuell-erotische Kraft (SE-Kraft). Dazwischen sind der Selbsterhaltungstrieb und das Selbstwertgefühl angesiedelt.

Während der Mensch bzw. sein unmittelbarer Vorläufer beim Tier bereits vor ein paar Millionen Jahren auf der Bühne der Welt auftrat, ist die sexuell-erotische Kraft, die jüngste der vier Kräfte in Sein+Zeit, erst seit wenigen 1000 Jahren relevant nachweisbar.

Aber auch die Reihenfolge der Stärke auf beiden Ebenen ist identisch:

- Am stärksten ist die **starke Kernkraft** und entsprechend. der **Selbsterhaltungstrieb**.

- An zweiter Stelle liegt die **elektro-magnetische Kraft** und entsprechend die **sexuell-erotische Kraft**.

- Darauf folgt die **schwache Kernkraft** und entsprechend das **Selbstwertgefühl**.

- Schließlich, an letzter Stelle, die schwächste aller Kräfte, die **Schwerkraft** und entsprechend die **Sinnkraft**.

Der außerordentliche Glanz der Schwerkraft findet sich daher zunächst in der Zentrierung von Materie, die dann mit der Kernfusion zur Sonne wird und darüber hinaus in ihrem Bereich auch zur belebbaren Erde, auf der folglich der wiederum besondere Glanz der Sinnkraft sich in gleicher Weise erst niederschlägt in der Zentrierung von Zeit im Sein mit der Fusion von Zeit, die nichts anderes ist als die Vollendung von Liebe (siehe dazu die entsprechenden Kapitel unter **Das Herz der Weltformel** im Band 2).

Somit sind dies aber auch die erstaunlich griffigen Zusammenhänge in der Ana-Logik der Natur allüberall, auf der leblosen Ebene einerseits wie auf der lebendigen Ebene andererseits.

Man mag so auch verstehen, warum die lineare Logik von Formeln und Gleichungen in den einzelnen naturwissenschaftlichen Disziplinen für eine Findung und gar sinnvolle Erklärung der Weltformel nicht annähernd ausreicht, weil sie nur unvollständig die beiden Ebenen zu begreifen vermag.

Erst das umfassende Denken in der Ana-Logik bestimmt die Gründe nicht nur für chemische Reaktionen, den exakten Lauf der Gestirne und für den richtigen Zeitpunkt der Pflanzenaussaat, sondern für z.B. auch unser Denken, Fühlen, Sprechen und Handeln, weil es nicht in den Formeln etwa der Mathematik und Physik und den Lehrsätzen der Biologie und Chemie stecken bleibt.

Mit anderen Worten:
**Das umfassende Denken, das bis an die tiefsten Gründe reicht, ist elementare Philosophie, die mit ihrer**

**Ana-Logik außerhalb enger Grenzen linearer Logik von Namen, Formeln und Gleichungen der Naturwissenschaften zu finden ist. Sie reicht von den Niederungen der Alltäglichkeiten in Vergangenheit und Gegenwart bis hin zu den größten Gefühlen der Liebe, dann schließlich zur Gottheit und zu den Sternen in der Zukunft.**

Nur so auch war die Weltformel zu finden, nicht aber zu ergründen etwa durch Biologie oder Mathematik und Astrophysik, womit sie allein der Philosophie vorenthalten blieb (siehe auch das Kapitel **Wie ich die Weltformel fand** im Band 2).

So auch kann etwa die Mathematik mit ihren Formeln und Zahlen und der daraus folgenden linearen Logik nie eigenständig die Urkraft erklären, auch wenn manch Mathematiker, der sich dazu noch philosophisch zu artikulieren versucht, schon glaubt, in den Zahlen Ansätze gefunden zu haben.

Dessen ungeachtet hat die Mathematik, dies menschliche Konstrukt, ihren Ursprung aber in der Urkraft, ersichtlich daran, dass der Mensch herausgefordert ist, Probleme zu lösen, vor die ihn diese Kraft stellt. Darin liegt die Herkunft des Konstrukts Mathematik begründet, ohne die eine Lösung spezifischer Problematik nie möglich wäre.

Somit ist die Mathematik allerdings auch in der Sinnkraft zu finden. Wenn mit ihrer Logik zwar nur beschränkt, so ist sie aber doch sinnvoll und daher sehr wichtig für die Entwicklung des Menschen.

Des Weiteren blieb der Philosophie auch deswegen die Findung der Weltformel vorbehalten, weil sie alles nur auf der Basis der Naturkräfte einschließt und gar einschließen muss. Denn andere Deutungen können völlig vergessen werden. Ich denke hier besonders an Einsteins Selbstbekenntnis, wonach die Fantasie wichtiger sei als das (begrenzte) Wissen und so auch wichtiger als das Wissen um die Naturgesetze.

Gerade diese Fantasien waren dann auch der Grund für sein Weltbild zur Krümmung von Raum und Zeit, das jeder nüchternen Betrachtung unter Beachtung aller natürlichen Gegebenheiten und Naturgesetze widerspricht. Aber ich denke auch an biblische Erlösertheorien der vielen Wunder und Phantasmen und einer nie nachweisbaren Jenseitigkeit.

Meine Folgerungen liegen somit zu einem gewichtigen Teil auf der Ebene des umfassenden, analogen Denkens, um auch das, was erst sein wird, zu begreifen – ein notwendiger und natürlicher Prozess.

Also sind es auch keine Phantasmen, die ich mir nach Gutdünken aus den Fingern sauge, um mein Weltbild irgendwie zu rechtfertigen.
Vielmehr sind es Rückschlüsse, die im Roten Faden sinnvoller und nie endender Evolution ablesbar sind und die den Naturgesetzen keineswegs widersprechen. Denn ich habe zunächst stets die Wirklichkeit der Welt vor Augen, um dann mit dem Wort zu beschreiben, was ich erkannt habe, ohne jegliche egomanischen Wunschvorstellungen.

## DIE ARTEN DER INTELLIGENZ

Abgesehen von der Gruppen- oder Schwarmintelligenz, gibt es beim Individuum 4 Arten der Intelligenz:

- **die triebige**
- **die emotionale**
- **die formale**
- **die erfühlende Intelligenz**

I. Die **triebige Intelligenz** liegt noch völlig in der Dunkelheit von Sein und Zeit. Sie ist Teil der starken Kernkraft, die ich im übertragenen Sinn auf der Ebene von Sein+Zeit auch den Selbsterhaltungstrieb nenne. Sie ist ohne jegliche bewusste Reflexion und zeigt nur unbewusste Reflexe, sodass sie zunächst nur in der Flora zu finden ist:
Die Pflanze streckt ihre Blüten und Blätter hin zur Sonne, um Licht aufzunehmen, das sie direkt in Energie wandelt. Und sie treibt ihre Wurzeln bis tief ins Erdreich, um dort Wasser als Nahrung aufzusaugen. Sie hat jedoch noch keine der nachfolgenden Intelligenzen.

Weil die Pflanze das erste Bild in lebendiger Natur ist – ich sehe von dem Bindeglied zwischen lebloser und lebendiger Natur ab –, gibt es vor ihr auch noch keine Intelligenz. Sie unterscheidet somit überhaupt nicht, auch nicht annähernd, zwischen Gut und Böse.

Im Gegensatz dazu finden wir die triebige Intelligenz in den höheren Entwicklungen wieder, also auch im Tier und im Menschen. Sie ist sehr stark und der innere Kern des unbewussten Selbsterhaltungstriebes. Und beim Menschen feiern besonders die dunklen Triebe, die wir das Böse nennen, hier auch ihre Urstände, die es, sehr bemerkenswert, beim Tier so jedoch nicht gibt.

**II.** Die **emotionale Intelligenz** liegt in der Dämmerung von Sein und Zeit und unterscheidet in gleicher Weise nicht zwischen Gut und Böse. Ein Hund beschützt sein Herrchen vor einem Angreifer und beißt zu, ohne auch nur ahnen zu können, ob sein Herrchen oder dessen Widersacher böse ist.
Aber auch die Mutter wird oftmals ihren kriminellen Sohn, der eine Untat begangen hat, immer noch lieben und ihn als unschuldig verteidigen, obgleich dieser einem anderen Menschen nachweislich zu Unrecht Böses angetan hat.

Und der Gläubige glaubt unbeirrt an seinen Gott, obgleich es 100 Millionen und mehr Gründe dafür gibt, dass dieser Gott nicht gut sein kann, er eines Gottes nicht würdig ist. Denn der Mensch ist bislang jedweder Art von Gewalt, auf der psychischen wie der körperlichen Ebene, und auch den Naturgewalten in beträchtlichem Umfang schutzlos ausgeliefert.
Diese Intelligenz ist beim Tier wie beim Menschen zu finden. Siehe dazu meine Ausführungen im Band 2, dort im Kapitel **Das wandelnde Durchdringen**.

**III.** Die **formale Intelligenz** ist ebenso wertfrei und unterscheidet nicht zwischen Gut und Böse. Sie ist beim Menschen aber signifikant (bedeutsam) besser als beim Tier, so dass der Mensch z.B. zum Mond fliegt, unabhängig davon, ob dieser Mensch, der fliegt oder fliegen lässt, gut oder böse ist. Und diese Intelligenz baut die Bombe, um damit viele 100 000 wehrlose und unschuldige Kinder und Frauen im atomaren Feuer zu verbrennen – die Schnittstelle zwischen eiskalter formaler Intelligenz und der heißen Intelligenz viehischer, dunkler Triebe.

Beide so denn ohne die Fähigkeit, zwischen Gut und Böse zu unterscheiden. Und dennoch, alles geboren aus der Urkraft, die nicht interessiert, ob etwas gut ist oder böse – unwürdig aber eines Gottes, absolut unwürdig.

**IV.** Schließlich die **erfühlende Intelligenz**, auch die **Intelligenz der Gefühle** – sie liegt nicht mehr unterschiedslos zwischen Gut und Böse, weil sie in der Maxime von Geist und Liebe denkt und fühlt, sodass sie allein das Gute hervorbringt.
Somit erfühlt und erkennt sie die Folgen des eigenen Handelns für die Zukunft und missachtet sie nicht für die eigennützige Kurzweil der Gegenwart.

Mit dieser Missachtung der Folgen des eigenen Handelns zeichnete sich hingegen schon die Pseudophilosophie der Sophistiker im antiken Griechenland aus. Ihre Lehre stellt zwar den Menschen in den Mittelpunkt, nur aber, um ihn für die eigenen dunklen Triebe zu instrumentalisieren, ihn gründlich zu missbrauchen, mit allen verheerenden Folgen menschlicher Tragödien. Somit ist die Sophistik keine Philosophie, wie fälschlich angenommen, sondern ein Verbrechen.

Bemerkenswert ist, dass die Sophistik, die entartete Weisheit, ihre hohe Zeit während der Demokratie im alten Griechenland hatte, wie sie heute in verheerendem Umfang ebenso in unserer „Demokratie" ihre Hohezeit hat. Siehe dazu das letzte Kapitel in diesem Band: **Sophismus, das Wort als Totengräber von Wahrheit und Wirklichkeit.**

Im Gegensatz dazu ist die erfühlende Intelligenz wie ein empfindlicher Seismograph, der auch winzigste Schwankungen, kleinste Erschütterungen, geringste Unregelmäßigkeiten und Unebenheiten und kaum noch wahrnehmbare Beben erfasst und registriert. Entscheidend ist: Ich muss diese Veränderungen auch richtig deuten und einordnen können, um wiederum richtig reagieren und reflektieren, die richtige Antwort finden zu können.

Erkennbar kommt diese Intelligenz erst beim Menschen hervor. Sie ist ein Verbindendes **zwischen Mensch und Panthron** (aus pan, theos eros), der Gottheit, des Menschen genetische Folge.

Das Panthron erst lebt in der Maxime dieser erfühlenden Intelligenz. Aber auch seine formale Intelligenz hat im Vergleich zum Menschen eine überragende, exponentielle Größe. Daneben ist bei ihm die rein emotionale Intelligenz verkümmert und ohne Bedeutung.

Während jedoch beim Menschen die im Vergleich zum Tier höher entwickelte formale Intelligenz ihn vom Tier deutlich abhebt, vermag ihn aber erst die erfühlende Intelligenz, die Intelligenz der Gefühle, der Gottheit nahe zu bringen, ihn auf den göttlichen Pfad sinnvoller Evolution zu führen: der Mensch als Bindeglied – teils noch ein Tier und teils schon einer Gottheit ähnlich.

Sowohl die wesentlich verbesserte formale Intelligenz wie auch die aufkommende Intelligenz der Gefühle sind im Zusammenhang mit der werdenden Erotik zu sehen, weil diese erst das Bewusstsein hervorbrachte, das Licht im Sein, und damit das Erkennen, darauf das Denken und dann die Erkenntnis. Und schließlich das Gelingen oder auch Misslingen, beides Ergebnisse im Wirken der Urkraft, ob dort im Rahmen sinnvoller Evolution oder von Versuch und Irrtum.

Aber für die Intelligenz der Gefühle ist natürlich auch ein Lernprozess notwendig, wie wir es bei der formalen Intelligenz im schulischen Prozess kennen. Und auf diese Weise lernen wir auch, unsere Gefühle zu verstehen.
Allerdings müssen die Voraussetzungen dafür stimmen, liegen diese doch in unserer gegenwärtigen Welt der totalen Versexualisierung im Argen.

Und dennoch: Alles bringt die Urkraft hervor und lässt sie zunächst nebeneinander gelten, weil sie nicht unterscheiden kann zwischen einerseits Unsinn und Widersinn und andererseits Sinn und Nützlichkeit, wie aber auch nicht zwischen Gut und Böse. (Dazu alles im Band 2.)

# WAS IST DER MENSCH UND WAS DIE GOTTHEIT?

Ich war etwa 16, 17 Jahre alt, als ich mit dem Rad durch meinen Wohnort fuhr. Dabei schaute ich – die Sonne stand halblinks von mir im Rücken – auf den vorn halbrechts dahingleitenden Schatten des Vorderrades, als mich urplötzlich ein Gedankenblitz in dem Moment durchfuhr, als dieser Schatten über einen am Wegrand liegenden großen Stein huschte:

**Was ist, wenn wir die Inkarnation von Zeit sind? Warum sollten nicht wir selbst die Zeit sein, so doch dieser tote Stein im Gegensatz zu uns nichts Lebendiges hat und daher ohne Zeit ist, weil Zeit auch lebendig ist und etwas mit unseren Gefühlen zu tun hat?**

Es war allerdings ein Gedanke, den ich nur hier und da wieder aufblitzen sah und der schließlich ganz in Vergessenheit geriet.

Erst Jahrzehnte später drängte er sich erneut in den Vordergrund, dann allerdings mit aller Macht, um schließlich zur Erkenntnis zu kristallisieren – aber immer noch ohne ein Wissen um die Philosophie von Augustinus und Kant.

Denn auch schon vor 1600 Jahren hatte der größte lateinische Kirchenlehrer und Philosoph des christlichen Altertums, **Augustinus**, die Zeit bereits in einem Umfang begriffen, wie er sehr nahe an meine eigene Erkenntnis kommt, wonach auch Zeit 3 Dimensionen hat wie der

Raum. Er sprach von der Zeit als einer **inneren Gegenwart**, die als Erfahrung mit der Seele verknüpft ist, wobei er **Vergangenheit als Erinnerung** auslegte und **Zukunft als Erwartung**.
Und vor rund 250 Jahren kam hier der deutsche Philosoph **Immanuel Kant** hinzu, der Zeit in gleicher Weise als **etwas uns Innewohnendes** verstand.

Vom Zeitbegriff dieser beiden Philosophen habe ich erst vor wenigen Jahren erfahren, sodass meine eigene Erkenntnis hierzu ein von deren Philosophie völlig unabhängiger Prozess war und noch über das Verständnis dieser beiden Philosophen hinausging.

Bei genauer Betrachtung wird diese Erkenntnis über den Menschen durch die Evolutionslehre gerechtfertigt:
Ausgehend davon, dass Evolution nie ein Ende findet, sowohl in der Form von Versuch und Irrtum wie auch in der einer sinnvollen Fortentwicklung …, wären wir nicht die **Makroatome von Zeit**[6], gäbe es keine sinnvolle fortschreitende Evolution und somit auch kein Wesen, das mit seinen Fähigkeiten weit über denen des Menschen steht.
Wir wären trotz aller Mängel und allem Unverständnis nur noch die **Krone der Schöpfung** – ein schon mit Blick auf die fatalen Unzulänglichkeiten des Menschen wahrhaft unsinniger Gedanke.

Denn alle sinnvolle Evolution wäre am Ende, und der Mensch würde durch das unerbittliche Wirken der Urkraft an irgendeinem Punkt der Zukunft durch eine kosmische oder irdisch hausgemachte Bombe vernichtet,

---

6  Nähers hierzu im Weiteren.

ganz zu schweigen von den sich bereits abzeichnenden Katastrophen klimatologischer, ökologischer, ökonomischer, medizinischer und tektonischer Art wie in gleicher Weise von Vulkanismus und Tsunamis. Diese Ereignisse können den Menschen an den Rand der Vernichtung bringen, sodass er erkennbar in höchster Not ist, solange es die von mir aufgezeigte Gottheit noch nicht gibt.

Solche Katastrophen könnte auch der bislang als existent angenommene biblische Gott nicht verhindern, weil es ihn nicht wirklich gibt und eine Gottheit nur der herausragende und bestimmende Teil sinnvoller Evolution in der Zukunft sein kann.

Daher auch hat der biblische Gott noch nie eine Katastrophe verhindert, weder den Absturz gewaltiger Kometen oder Asteroiden noch Kriege und Weltkriege, aber auch nicht die Hexenverbrennungen und andere Untaten der Kirche im Mittelalter wie auch nicht die Verbrechen in der kapitalen Neuzeit.

Davon abgesehen gibt es erwiesenermaßen immer wieder, wenn auch nur in großen Abständen und soweit es um die kosmischen Bomben geht, die apokalyptischen Ereignisse mit der Vernichtung von bis zu 75 und gar 95 Prozent aller Lebewesen dieser Erde. Und der Mensch mit seiner sehr verwundbaren, der hohen technologischen Zivilisation, er stünde heute ganz vorn dran in der Skala der Spezies (oder wenig davon entfernt), die sich von der Erde verabschieden müssten.

Die unerbittliche Folge: Die Zukunft wäre nur noch wild, ohne den Menschen, wenn es diese Gottheit nicht geben würde. Denn bereits in unserer Gegenwart ist der Mensch in höchster Not, weil es sie noch nicht gibt.

Mit einigem Staunen höre ich erst vor wenigen Tagen (ich schreibe dies am 13.08.2015) in einer einschlägigen Fernsehsendung von einer geradezu fatalistischen Einstellung zu diesem Thema, mit dem Tenor: Ist doch egal, ob es uns Menschen in der Zukunft noch geben wird, denn die Natur wird weiterleben und neue Formen der Existenz hervorbringen ... Erbärmlich! Denn es ist sicher der klägliche Versuch, die große Bedeutung meiner Erkenntnisse zur drohenden Vernichtung global des Menschen zu verharmlosen.

Zu erwähnen ist in diesem Zusammenhang ebenso der Moderator von Terra X im ZDF, **Dirk Steffens**, der es auch vor einiger *Zeit tatsächlich fertigbrachte, völlig inkompetent über die Liebe zu räsonieren.

Die Geheimnisse der Liebe könne niemand ergründen, so etwa seine Worte. Sie bleibe ein Mysterium, und das sei auch gut so.[7]

Ich muss jedoch annehmen, dass auch Steffens meine inoffiziellen Schriften kennt, zumindest seine Redaktion, sodass er in diesem Fall nur der Sprecher an der Front war. Wenn meine Vermutung stimmt, waren seine Schlussworte genauso nur der armselige Versuch, meine

---

[7] Das geschah in einer hier wiederholten Sendung der Reihe TERRA X im ZDF mit dem Titel **Wie das Leben lieben lernte**. Erstsendung war am 16.02.14. Ich kann den genauen Wortlaut und das genaue Datum der Wiederholung leider nicht nennen, weil ich mir keine Notiz gemacht hatte, und zitiere Steffens daher nur nach Gedächtnisprotokoll.

Erkenntnisse über die Liebe zu konterkarieren, um mich zu disqualifizieren.

Allerdings – ich bewundere Dirk Steffens, seine Kompetenz in den Naturwissenschaften und seinen mutigen persönlichen Einsatz bei der Gestaltung seiner Sendungen und kann ihm nur empfehlen: Schuster bleib bei deinem Leisten und beuge dich mit intellektueller Demut und Bescheidenheit vor dem Unerkannten.

Zurück zur Zukunft:
Allein das religiöse Versprechen eines Jenseits, das nie, absolut nie nachweisbar ist, mag für den Gläubigen dennoch Trost und Hoffnung auf eine andere, die bessere Welt sein. Jedoch nur durch den Glauben, nicht durch die Realität der Naturgesetze findet dies Jenseitsversprechen eine Akzeptanz. Ein Glaube, der mangelhaft ist, weil er auf Wundern und Phantasmen aufbaut und dabei alle Naturgesetze leugnen muss, um Bestand zu haben.

Es bleibt somit nur der Glaube, das Beten und die Hoffnung, dass alles so sein möge, wie es uns die Religion lehrt, während jedoch die Urkraft, davon völlig unbeeindruckt, gnadenlos und unerbittlich ihre breite Schneise aus Vernichtung und Tod schlägt, dort, wo der Mensch unfähig ist, das Geschehen zu harmonisieren.

Erst durch diese Erkenntnis von dem, was der Mensch ist, ein Zeit- oder Sein-Atom, fügt sich nun auch wie von selbst alles aneinander und ineinander wie in einem großen Geduldspiel. Denn so auch werden die Gleichartigkeiten im Prozess vom Kernfusionsreaktor Sonne und beim Menschen offenbar, bei ihm als dem Bindeglied zwischen dem Tier und der Gottheit.

Und erst durch die Kraft von des Menschen Erotik ist auch eine Fusion möglich, nicht die von Materie wie im Fall der Sonne, aber die Fusion von Zeit. Und das Ergebnis ist die Vollendung von Liebe in der Gestalt der Gottheit.
Wäre es nicht so, dann gäbe es keine Möglichkeit der Fusion von Zeit mit der Vollendung von Liebe. Und so wäre auch die Gottheit der Zukunft nicht denkbar, von der ich spreche. Die Evolution wäre mit dem Menschen in der Tat am Ende.

Allein jedoch diese Gottheit, von der ich spreche, sie ist es, die den Menschen in seiner fatalen Unzulänglichkeit zu führen, zu beschützen und vor dem Untergang zu bewahren vermag.
Denn sie ist zweifelsfrei vollkommen und geprägt von Geist und Liebe, Eigenschaften, die beim Menschen hingegen nur eingeschränkt zu finden und daher sehr unvollkommen sind.
Nur so denn im Rahmen sinnvoller Evolution kommt sie hervor aus dem Menschen und auch nach dessen Gestalt – diametral entgegengesetzt zur biblischen Lehre, wonach ein Gott den Menschen nach seinem Bilde geschaffen hat.

Neben Geist und Liebe, die nur der Mensch besitzt und nicht das Tier, und neben der wesentlich besseren formalen Intelligenz im Vergleich zum Tier mag der unübersehbare andersartige Auftritt des Menschen hier der entscheidende Beweis für die Richtigkeit meiner Darstellung sein. Denn der Mensch hat dazu noch diese bereits erotische, die göttlich-erotische Gestalt, mit der er sich signifikant (wesentlich) von der des Tieres abhebt.

Wenn das Tier auch schön sein kann, so hat es aber nicht diese Gestalt des Menschen, sodass er, der Mensch, bereits hiermit eindeutig als Bindeglied zwischen dem Tier und der höheren Dimension von Sein+Zeit erkennbar wird, wo die Gottheit unser Schicksal und Geschick bestimmt.

Und die im Weiteren genannten herausragenden Merkmale und Unterschiede im Vergleich zum Tier hätten die Wissenschaft zu dem Schluss bringen müssen, dass stringent (zwingend) eine ganz neue Art nach dem Menschen kommen muss. Sie wäre klug gewesen, hätte sie die Evolution nicht am Ende, nicht den Menschen als Krone der Schöpfung gesehen, wie es die Kirche lehrt. Sie wäre klug gewesen, obgleich ihr das Prozedere mit seinem Ergebnis noch verschlossen blieb.

Und ohnehin ist die Erotik erst mit dem Menschen als Naturkraft, als 4. Grundkraft der Natur, auf der Ebene von Sein+Zeit entstanden. Das Tier kennt nur die Sexualität, die dem Menschen in gleicher Weise zur Erhaltung seiner Art dient. Jedoch hat die Erotik in dieser Sexualität ihren Ursprung.

Zwar treten auch beim Menschen bereits sichtbar die Liebe und der Geist hervor, nicht aber in der Vollendung, mit der sich die Gottheit offenbaren wird. Erst sie wird durch und durch von Geist und Liebe geprägt. Jedoch ist die Gemeinsamkeit – hier beim Menschen, dort bei der Gottheit – auch einer der Beweise für den Menschen als eine Zwischenform, als ein Interim der beiden Hauptebenen Tier und Gottheit.

Was den Menschen somit eindeutig als ein Bindeglied identifiziert, sind obenan etwa die folgenden Merkmale. Ich unterscheide zwischen denen, die nur und ausschließlich der Mensch hat, und denen, die, in allerdings bedeutend geringerem Ausmaß, auch beim Tier zu finden sind. (Hierbei erhebe ich keineswegs den Anspruch auf Vollständigkeit):

1. Nur dem Menschen gegeben:

   - **die erotische Gestalt**

   - **das Lachen**

   - **das ausdrucksstarke Gesicht**

   - **die vielfältige Mimik**

   - **der ausschließlich aufrechte Gang**

   - **die sehr differenzierte und umfangreiche Sprache mit ihren feinen Artikulationen**

   - **die Fähigkeit der Abstraktion, etwas gedanklich verallgemeinern und zum Begriff erheben zu können**

   - **die Intelligenz der Gefühle, die bereits zwischen Gut und Böse zu unterscheiden vermag**

- **der Geist und die Liebe, aus denen wiederum die Intelligenz der Gefühle hervorgegangen ist – oder auch umgekehrt**

2. In Ansätzen sind auch beim Tier zu finden:

    - **die formale Intelligenz**

    - **die Verständigung als Vorläufer der Sprache**

    - **das Vorstellungsvermögen**

    - **die Fähigkeit der Assoziation, der Verknüpfung von Vorstellungen, von denen die eine die andere hervorgerufen hat**

    - **die Fähigkeit, kausale Zusammenhänge zu erkennen und schließlich die richtigen Schlussfolgerungen zu ziehen**

Die Fähigkeiten des Menschen haben im Vergleich zum Tier bereits eine ganz andere Dimension angenommen, sodass die Intelligenz etwa des Affen keineswegs auch nur annähernd hinreicht, um etwa zu verstehen, was die Schallmauer ist, oder um eine Rakete zu konstruieren und zu bauen, mit der er zum Mond fliegen könnte.

Es sind so denn diese ganz anderen Dimensionen, die den Menschen vom Tier abheben und ihn in die Nähe der Gottheit bringen.
Dass selbst beim Tier Ansätze zu finden sind, ist nur der Hinweis darauf, dass auch zwischen dem Tier und dem

Menschen Gleichheiten bestehen und der Übergang von einer Hauptrichtung der Evolution zur anderen, hier vom Tier zur Gottheit, nie abrupt, sondern, nach unzähligen Versuchen und Irrtümern, gleitend erfolgt, mit allerdings den vielen Anzeichen dafür, dass da etwas Anderes, etwas ganz Neues kommt.

Das jedoch auch zu erkennen, ist wiederum nur dem Menschen gegeben, keinem Tier, weil erst mit ihm der Eros geboren ist. Somit ist er eindeutig als Übergangsform zwischen dem Tier und der Gottheit wahrnehmbar – der Mensch, nicht mehr ganz ein Tier, aber auch noch kein Gott.

Die Gleichheit findet sich nur darin, dass man sagt: Einerseits hat das Tier eine Gestalt und auch der Mensch. Und andererseits kommuniziert das Tier wie auch der Mensch. Der Unterschied ist jedoch derart ausgeprägt, wie er auch bei der Erotik und der Sexualität zu finden ist: hier die erotische Gestalt, dort die Gestalt des Tieres, das noch keine Erotik, nur aber die Sexualität kennt.

Und so ist auch bei der Kommunikation Ähnliches zu finden, wenn doch beim Menschen sehr fein abgestimmte Differenzierungen möglich sind, wozu das Tier in dem Maße nicht fähig ist.

Was somit das Tier an Gemeinsamkeiten mit dem Menschen hat, sind nur Ansätze, die Urformen der menschlichen Eigenschaften: die Ursprache etwa, die formale Intelligenz und vielleicht gar eine Urkultur. Diese Urformen finden sich jedoch nicht nur bei den uns am nächsten stehenden Primaten, aus denen wir selbst hervorgegangen sind.

Demgegenüber ist die Intelligenz der Gefühle (die erfühlende Intelligenz) mit ihrem Geist und ihrer Liebe zwar nur dem Menschen gegeben, jedoch noch sehr unvollkommen, während sie in ihrer Vollendung das Wesen der Gottheit ist, von der ich spreche, der Gottheit als unverkennbarem Folgeschritt und Fortgang in sinnvoller Evolution.

Wenn man so will, gibt es auch beim Tier die Urform dieser erfühlenden Intelligenz. Dort ist es die emotionale Intelligenz, die jedoch nicht unterscheiden kann zwischen Gut und Böse und damit auch allein der Indifferenz im Selbsterhaltungstrieb und Instinkt unterliegt.

Grund aber für die Unvollkommenheit auch des Menschen bis in das Jetzt ist der nach seinem Auftritt seit geraumer *Zeit während Kampf zwischen Gut und Böse, der eine Vollendung von Liebe bislang verhindert hat.

Dann sind es aber auch noch die nachfolgenden Merkmale (und wohl noch mehr), die dem Menschen die besondere Rolle in der Evolution geben:

- Das **Bewusstsein**, das erst mit dem Licht des Eros möglich wurde und somit auch Licht in das Dunkel von Sein+Zeit brachte. Dem folgten wiederum das **Erkennen** und das **Denken** und damit die **Erkenntnis** und schließlich das **Gelingen** oder zunächst auch das **Misslingen**.

- Die **Überwindung der Urangst**, wodurch erst z.B. die **Bändigung und Nutzung des Feuers** möglich wurde, sonst wäre das Tier in uns nicht zum Menschen geworden, der Mensch wäre nicht das, was er ist.

- **Ackerbau** und **Viehzucht**, die eine im Vergleich zur Jagd sehr effiziente Ernährung möglich machten, womit folglich auch die Zahl der Menschen stark anstieg, ein wichtiger Faktor für den Erhalt des Menschen auch unter sehr rauen Bedingungen. (Eine Urform der Viehzucht gibt es übrigens auch beim Tier. Ich kann hier leider kein Beispiel nennen).

- Die Erfindung der **Zahlen** und der **Schrift**, Grundlagen für die beiden nachfolgenden Errungenschaften des Menschen.

- Die **Architektur** und das **Ingenieurswesen**, aus denen wiederum hervorging der **Städtebau** (eine Urform finden wir auch wieder beim Tier, etwa die Termitenhügel).

- Und schließlich die **geistige Kultur**, wie etwa Religion, Kunst, Literatur und Gesang.

Alles in allem sind es starke Kriterien, die auf den Menschen als eine Sonderstellung in der Tierwelt hinweisen, eine Sonderstellung, die nur als Zwischenform, als Interim zu einer ganz neuen Dimension in Sein+Zeit gedeutet werden kann. Somit hätte der Wissenschaft seit Entstehung der Evolutionstheorie durch **Charles Darwin** sehr bald klar sein müssen, dass wir mit uns selbst keineswegs am Ende der Evolution angekommen sind.

Nur Nietzsche war dieser kühne Schritt mit seinem **Übermensch** gelungen, während man ansonsten von der klerikalen Weltanschauung ausging, der Mensch sei eine ganz eigenständige Schöpfung des biblischen Gottes, sogar die Krone dieser Schöpfung, und habe daher keine Gemeinsamkeiten mit dem Tier.

Die Frage ist jedoch, wie dieser nächste Schritt über den Menschen hinaus, also zur Gottheit hin, entsteht. – Das liegt allein begründet in der Vollendung von Liebe, der Vollendung von Liebe zwischen **einem** Mann und **einer** Frau, die nach der Flora und Fauna (der Pflanzen- und Tierwelt) mit ihrer Liebe diese ganz neue Dimension in Sein und Zeit hervorbringen und die Gottheit offenbaren.

Mozart hat es in der Zauberflöte sehr schön in Worte gefasst: „Mann und Weib und Weib und Mann reichen an die Gottheit an." Und in Goethes FAUST II heißt es treffend: „Das Ewig-Weibliche zieht uns hinan" – hinan zu den Sternen, in eine sinnvolle Zukunft.

Denn erst die Sterne zeigen uns im wahrsten Sinne des Wortes den richtigen Weg, weil erst die Fusion von Materie aus der Sonne, einem Stern, den Kernreaktor gemacht hat, der ewig brennt und uns das Licht und das Leben schenkt.

Was aber kann in Sein+Zeit fusionieren? Es ist die Entsprechung zum Atomkern, der in der Sonne fusioniert, also der Kern von Sein, die **Zeit**.

Die Vollendung von Liebe, und mit ihr die Geburt der Gottheit, ist somit nichts anderes als diese **Fusion von Zeit** (im Band 2 mehr zu dieser Fusion).
Sie wäre jedoch nicht möglich, nicht mal denkbar, wenn Zeit eine Erscheinung außerhalb lebendiger Natur wäre.

Die Vorstellung von der vierdimensionalen Raumzeit ist durch meine Erkenntnisse über die Zeit somit hinfällig, denn Zeit existiert nicht außerhalb des Menschen und außerhalb lebendiger Natur. Sie ist, im Gegensatz zum Raum, nur auf mentaler Ebene erfahrbar, der Raum hingegen nur auf der visuellen Ebene.
Und beide, Raum und Zeit, bilden folglich auch kein Kontinuum, das Raumzeit-Kontinuum, etwas lückenlos Zusammenhängendes (im Übrigen eine der vielen Irrlehren Einsteins).

Auf die Frage, was der Mensch ist, kann daher die Antwort nur lauten: **Er ist ein Zeit-Atom, ein Makroatom von Zeit** oder auch **die Inkarnation von Zeit**. Zudem macht diese Tatsache die Gottheit erst möglich: über eine Fusion von Zeit, **dieser** Zeit, nach dem Vorbild der Sonne.

Wenn nun jemandem die These vom Menschen als ein Zeit-Atom nicht glaubwürdig erscheint, weil im Gegensatz dazu Materie-Atome grundsätzlich als nahezu unendlich klein im Mikrokosmos existieren, dann halte er sich bitte mal unsere kleine Welt im Vergleich zu den riesigen Ausdehnungen des Universums vor Augen, wo selbst noch unsere Erde und sogar die Sonne mit ihrem Planetensystem als Staubkorn und ein nahezu unendliches Nichts erscheinen – und dann erst wir Menschen!

Unsere Existenz kann schon beim Blick von einer Raumstation im Orbit nur noch indirekt wahrgenommen werden.

Und die Gottheit, von der ich spreche? Sie ist der beherrschende Teil der ganz neuen Dimension von Sein+Zeit in einer sinnvollen Evolution, die über den Menschen hinausgeht und die es zuvor aber noch nie gegeben hat. Von dieser Gottheit gehen aus

>   eine nie gekannte **Ruhe**
>   eine nie gekannte **Vitalität**
>   eine nie gekannte **Beständigkeit**
>   eine nie gekannte **Stärke**
>   eine nie gekannte **Energie**
>   eine nie gekannte **mentale Kraft**
>   eine nie gekannte **Abwehrkraft**
>   eine nie gekannte **Intelligenz**
>   eine nie gekannte **Ausstrahlung**
>   eine nie gekannte **Schönheit**
>   eine nie gekannte **Liebe**
>   ein nie gekannter **Geist**
>   ein nie gekannter **Zauber**

Und in der Summe ist dies **Der-Tod-im-Fadenkreuz-des-Lebens** mit auch dem Sieg des Lebens über den Tod.

Der Mensch selbst bleibt auch weiterhin als seine arteigene Spezies bestehen: als das Bindeglied zwischen dem Tier und der Gottheit. Jedoch, sein Leben ändert sich dramatisch und grundlegend. Denn er wird nicht mehr böswillig manipuliert und arglistig getäuscht, nicht mehr belogen und betrogen, nicht mehr über den Tisch

gezogen, vergewaltigt, ausgebeutet und ausgeraubt. Und Blinde werden wieder sehen, und Lahme werden wieder gehen. Alles jedoch ohne Wunder und Hokuspokus, sondern allein auf der Basis geltender Naturgesetze.
Aber auch des Menschen Entwicklung wird nicht mehr durch Unfrieden und Kriege gestört und verzögert.

In der somit ganz anderen Welt, von der ich hier spreche, unterliegt der Mensch nicht mehr Kummer und Gram, ist ohne Leid, ohne Sorgen und Ängste, ohne Nöte, ohne Krankheit und Gebrechen. Und es gibt nicht mehr die Irrlichter über einem Sumpf der Würdelosigkeit und Selbstzerstörung. So denn auch ist er ohne die Habgier, ohne Süchte und Selbsttäuschungen.
Und in der Folge vergeudet er seine Energien nicht mehr im schweren Kampf zwischen Gut und Böse, richtet sie vielmehr auf das Sinnvolle im Dasein.

Auch die richtige Einstellung zu den schönen Dingen des Lebens gehört dazu. Er genießt sie mit dem ganz anderen Gefühl der Befreiung und Erlösung von einer Welt, die fortan hinter ihm liegt und nur noch Vergangenheit ist.

Im Gegensatz zum biblischen Gott ist erst diese Gottheit, von der ich spreche, imstande, den Menschen so zu führen, zu bewahren und zu schützen, dass es dort auch den seit langem vergeblich gewünschten Frieden auf Erden gibt, weil mit dem Walten der Gottheit auch Friede ist in unseren Köpfen und Herzen und somit ein Wohlgefallen unter den Menschen – die notwendige Voraussetzung für den auch äußeren Frieden.
Und alles geschieht auf Erden, nicht in einem nie nachweisbaren biblischen Jenseits!

Bleiben jedoch die Bedingungen einer im wahrsten Sinne des Wortes **gottlosen Welt** ..., sie hat keinen Notausgang, diese Welt, sodass die Zukunft nur noch ist wild.
So ist denn der Mensch ohne eine Gottheit in höchster Not – im Angesicht der gewaltigen Herausforderungen, vor die die Zukunft alles Sein und ganz obenan den Menschen stellt.

Über das hinaus weist der Tod nur zu deutlich darauf hin: Wir sind sterblich, weil wir Zeit sind, denn die Begrenzung unseres Seins zwischen Zeugung und Tod ist die Wesenheit von Zeit. Man sagt auch gar nicht zu Unrecht: Der Tod ist Teil des Lebens, auch wenn er der Abschluss ist, das Ende, und nach der Zeugung die andere Begrenzung des Lebens.

Wären wir hingegen nicht Zeit, sondern Materie, so wären wir ewig, jedoch nicht unsterblich, weil die Unsterblichkeit nur ein Teil des Lebens sein kann und erst in sinnvoller Evolution möglich ist. Dort erst kommen wir auch an die Ewigkeit vom bloßen Dasein der Materie heran und werden im Sinne des Wortes steinalt, aber – im Gegensatz zum Stein – mit lebendiger Zeit erfüllt. Und allein das liegt auch in der Sinnhaftigkeit von Sein, alles andere wäre sinnlos, ohne jeden Sinn.

Martin Heidegger hatte diesen Status des Menschen bereits in seinem Hauptwerk in exzellenter Weise erfühlt, allein schon daran erkennbar, dass dieses Werk den Titel **Sein und Zeit** trägt.
Es wäre jedoch ohne Sinn, wenn Zeit nur 1-dimensional in einer 4-dimensionalen Raumzeit zu finden wäre, außerhalb der Hülle Sein, weil damit keine Zentrierung und

so auch kein Zentrum von Zeit möglich wäre. Alle sinnvolle Evolution wäre Utopie und die Zukunft gesichert nur noch wild.

Was sollten wir auch anderes sein als Zeit? – Das Beste, was die Urkraft im Roten Faden sinnvoller Evolution bis jetzt hervorgebracht hat! Oder sind wir etwa nur ein zufällig gewürfeltes Schicksal, eine bizarre Laune der Natur, also ein sinnloses Etwas? – Ganz gewiss nicht! Das widerspräche aller erkennbaren sinnvollen Evolution, dem Roten Faden im Wirken der Urkraft.

Wir sind sogar ein exzellenter, ein ganz außergewöhnlicher Sinn im Konzert aller Kräfte hier im Universum. Ohne uns und allumfassend die lebendige Natur hätte der leblose Kosmos keinen Sinn. Erst wir geben ihm einen Sinn – **d e n** Sinn. Denn im Gegensatz zur leblosen Materie sind wir lebendige Zeit, die zwar neben ihrem Licht auch noch ihre Schatten hat. Dennoch – was gibt es Besseres und Schöneres als Zeit mit ihren Ingredienzien, die lebloser Materie nicht eigen sind, so etwa

> **das Glück**
> **die Hoffnung**
> **die Geborgenheit**
> **die Zuversicht**
> **das Sehnen**
> **die Freude, der schöne Götterfunken**
> **die Liebe**
> **der Geist - und anderes mehr**

Dann aber auch die Konfrontation mit dem Unangenehmen und dem Bösen als Provokation für das Gute, so da sind:
> **das Leid**
> **die Trauer**
> **der Schmerz**
> **der Kummer**
> **der Hass**
> **das Verwelken**
> **das Verderben**
> **das Vergehen**
> **das Sterben**
> **der Tod - und anderes mehr**

Diese markanten Herausforderungen erst sind der Grund für den bis jetzt noch unbewussten Anspruch einer Werdung des Göttlichen für eine ganz neue Dimension von Sein+Zeit, die geprägt wird durch die Vollendung von Liebe, die Fusion von Zeit, womit das Böse verwelkt und nicht mehr ist und das Gute bewahrt bleibt und lebt.

Was also kann schöner sein, als dass wir diese Zeit sind, die Inkarnation von Zeit – per aspera ad astra: auf rauen Wegen zu den Sternen, durch Nacht zum Licht?
(Man bedenke: Auch im Reich des Tieres gibt es nichts Böses. Das ist erst mit dem Menschen hervorgekommen, eine un/menschliche Eigenschaft.)

Zeit ist so denn etwas Lebendiges und nicht tot; deshalb sind auch wir lebendig, nicht leblos. Und deshalb auch ist die Quantenmechanik eine **Quantennatur**, weil sie als Urkraft nicht nur seit Anbeginn das Leblose, die Materie, sondern im Fortgang auch das Lebendige, die Zeit, hervorgebracht hat und in ihr wirkt.

Von den beiden Ebenen Sein+Zeit und Materie+Energie ist das eine allein die höhere Ebene, das andere aber der notwendige Unterbau dieser höheren Ebene. Denn ohne Materie+Energie wäre Sein+Zeit nicht möglich.

Und der weitere unübersehbare und schon erwähnte Hinweis darauf, dass wir Zeit sind: Zeit ist etwas Sterbliches, weil sie lebendig ist. Materie hingegen ist leblos und vergeht nicht bis zur erneuten Kontraktion mit der unendlichen Verdichtung dieser Materie, wo sie nur noch in der Singularität und reine Energie ist, der aber unverändert die Quantennatur innewohnt. Und daraus geht schließlich der nächste Urknall hervor.

Alles andere wäre sinnlos, ohne Sinn. Denn die Sinnhaftigkeit gibt es in Sein+Zeit in gleicher Weise, wie es ihre Entsprechung gibt: die Schwerkraft im Komplex Materie+Energie. Eine andere Interpretation wäre jedoch ohne Sinn.

Dass Materie allerdings auch in der Hülle Sein ist, wird damit erklärt, dass Sein+Zeit über die Materie eine unabdingbare Verbindung zum Raum hat. Diese Hülle besteht sogar überwiegend aus unzähligen Materie-Atomen bzw. -Molekülen, siehe das Wasser, aus dem wir zu über 70% bestehen, und die Mineralien, die Spurenelemente, die wir mit der Nahrung aufnehmen.

Ohne diese Verbindung mit Materie ist unser Sein nicht möglich. Und auch erst mit der Nahrungsaufnahme erhalten wir die notwendigen frischen Energien, um leben zu können.

Wäre dem nicht so, wie von mir dargelegt, wären wir in der Tat die Krone der Schöpfung und das Ende von Evolution und daher auch ohne die Dynamik von Sein und Zeit, die allein eine ganz neue Dimension in sinnvoller Evolution hervorzubringen vermag. Wir wären folglich der Abschluss – die Evolution in der Sackgasse. Das aber gibt es nicht, sehr sicher nicht! Denn es wäre das platte Sein, bar aller Dynamik, ohne die wir uns getrost bereits heute aufhängen und begraben lassen könnten – und der Letzte macht das Licht aus.

## RELIGIONEN,
## IHR SINN UND IHRE ENTARTUNG

Unerheblich, ob seit 5000 Jahren die Götter oder seit 3000 Jahren nur einen Gott – der gläubige Mensch hat immer nur die Urkraft angebetet, die Urkraft mit all ihren Widersprüchen, dem Gegensätzlichen, dem Abstrusen, aber auch mit der Verheißung einer anderen, einer besseren Welt. (Bis zu meinem 21. Lebensjahr war ich auch ein Gläubiger.)

Nietzsche hatte die für seine Zeit erstaunliche und mutige Erkenntnis, dass der biblische Gott tot ist. Meine Erkenntnis führt seinen Gedanken noch weiter: Dieser Rachegott hatte in seiner hoch schizophrenen Alternative von eben Rache nie ein Recht auf Sein, weil er den Menschen nicht gekannt hat, nicht das Gesetz des Handelns und nicht die Liebe – sonst gäbe es die Rache nicht.

Allerdings und zum Trost – die Gottesvorstellung an sich war und ist für den Menschen von existenzieller Bedeutung.
Er musste sich diese spirituelle Welt zwingend schaffen, um überhaupt überleben zu können und nicht zu verrotten und um einen Ausgleich zu finden für die erkannte fehlende Geborgenheit, das Chaos im Sein und die Absonderlichkeit und scheinbare Unwiderruflichkeit des Todes.

So hat jede Art der Gottesvorstellung – unerheblich, ob polytheistisch oder monotheistisch – ihren Ursprung im aufkeimenden Bewusstsein des Menschen und der darin provozierten Frage nach einer Ordnung, einem Schutz und der Geborgenheit in dem so erkannten Chaos vom Leben und Sterben, in der Unordnung und dem Ausgeliefertsein.

Und sie mündet schließlich in die Hybris des Menschen, so sein zu wollen wie diese Götter, wie dieser Gott, sodass die Hybris in Wahrheit jedoch ein Ausdruck der Dynamik von Sein ist und nichts anderes als der Wunsch und Wille des Menschen, mehr zu sein als der Mensch, seine tierische Verpuppung zu sprengen, um in einer neuen, einer göttlichen Gestalt zu erscheinen. Neben vielen anderen Dingen mehr ist seine physische Gestalt ohnehin bereits göttlich, denn sie unterscheidet sich signifikant (wesentlich) von der des Tieres.

Schon die Götterwelt der Antike und Germanen entsprach in ihrer vielfachen Erscheinung dem, was sein wird: kein alleiniger Einzelgott. Denn die Wurzel aller sinnvollen Seinsentwicklung liegt einzig begründet in der Liebe zwischen einem Mann und einer Frau: „Mann und Weib und Weib und Mann reichen an die Gottheit an."

Nur paarweise kann der Mensch sich wandeln. Somit versteht sich die Gottheit, von der ich spreche, wie auch die Menschheit, als eine Vielzahl. Es wird nicht und kann auch nicht einen einzelnen männlichen oder weiblichen Gott geben, sondern ausschließlich die Vielzahl der Götter, der Gottpaare, die in ihrer Gesamtheit die Gottheit sind.

Die Gottpaare gründen sich jedoch alleinig aus der Gegensätzlichkeit der Geschlechter, ohne die keine Fusion von Zeit, die Vollendung von Liebe, möglich ist. Demgegenüber ist die gleichgeschlechtliche Verbindung ein totes Gleis von Evolution, mit den emotionalen Irrungen, die der Liebe nur ähnlich sind.

Und der Tod? – Er ist die absolute Aus-Zeit, die Nulldimension aller 3 Dimensionen von Zeit: Es gibt keine Vergangenheit, keine Gegenwart, keine Zukunft. Niemand kann sich langweilen, niemand kann trauern – Komponenten von Zeit.

Als Lebende aber trauern wir auch darum, dass im Tod kein Glück und keine Freude möglich sind (ebenso Ingredienzen von Zeit), sodass es gerade deswegen die größte Herausforderung in der Existenz und im Bewusstsein des Menschen und somit das Ziel einer sinnvollen Evolution ist, die Zeit als Mittelpunkt, als Zentrum von Sein zu bannen, dem Sein einen Sinn zu geben, somit ein Zentrum von uns selbst zu werden, weil wir Zeit sind.

Und erst unser Bewusstsein ist die Stelle im Sein, an der Zeit ihre 3 Dimensionen **ent-falten** kann: in die Vergangenheit, Gegenwart und Zukunft, wie auch der Kosmos die Stelle ist, wo sich Materie mit ihren 3 Dimensionen ent-faltet, nachdem sie zuvor – schon einige Zeit vor der Singularität und dem darauf folgenden Urknall – als nur noch reine Energie und ohne Abstände und somit auch ohne Dimensionen gewesen war.

Damit aber kennen wir nicht nur eine einfache Gegenwart wie noch das Tier, sondern auch eine bewusste Vergangenheit und Zukunft, die wir leben und erleben. Nur dort – im Bewusstsein unseres Selbst, unseres Selbstbewusstseins – liegt für den Menschen auch die höchst mögliche Stufe der Selbst-Erkenntnis, das Erkennen unseres Selbst – der Ausgangspunkt für die Evolution von sinnvollem Sein mit einem Zentrum von Zeit, womit auch das (relativ) ewige Leben erst denkbar wird.

Ohne Zweifel ist die Bibel ein Meisterwerk der Dialektik, von frommen Märchen und Wunschvorstellungen. So wird hier die entstellende Kraft des Wortes aber zum Totengräber von Wahrheit und hat wohl für 1500 Jahre dafür gesorgt, dass alle sinnvolle Ketzerei und Hexerei, folglich die erkennende Wissenschaft und dynamische Mentalität, erstickt und quasi im **Mülleimer der Geschichte** entsorgt wurden – im Namen eines alleinigen Gottes.

Bewiesen ist diese Aussage auch damit, dass die Antike einen hohen Stand der Wissenschaft hatte, so auch der Geisteswissenschaft, weil kein alleiniger Gott allen faustischen Drang blockierte und jedem Fortschritt die Hölle und das Fegefeuer androhte.

Das Gebaren der Frau mit den provokanten Widersprüchen, ein Verhalten, das vor allem in der Liebe zu finden ist, hat die Götterwelt der Antike wie der Germanen hingegen nie verdrängt – im Gegenteil: Bei den Germanen stand die Frau, im Gegensatz zur Bibel, in sehr hohem Ansehen. Und sie wurde gar als Heilige und Seherin verehrt.

Auch Odysseus konnte im Ergebnis ohne Strafe der Götterwelt den Rücken kehren, weil er die Unsterblichkeit und das Glück in irdischer Natur und nicht bei den Göttern wähnte, diese Eigenschaften vielmehr in der Liebe zu seiner Frau Penelope zu finden hoffte, aber auch in der Fortgeburt bei seinem Sohn Telemachos und schließlich in seiner Heimat.

So denn sind es auch nicht die Jenseitsversprechen der Religionen, vielmehr die Erkenntnisse zum Gesetz und der Genesis der Liebe – erst sie sind **Der-Tod-im-Fadenkreuz-des-Lebens**.

Und nicht von ungefähr hatte auch Martin Heidegger, der Denker, der Philosoph, eine Rückbesinnung auf die Antike gefordert, auf den Geist dieser Antike. Dort konnte man sagen: „Philosophie ist griechisch, und wer philosophieren will, muss ein Grieche sein."

Heute sagt man, ich zitiere Sartre: „Philosophie ist deutsch. Und wer philosophieren will, muss ein Deutscher sein."

(Ich kann leider trotz intensiver Nachforschung im Internetz die genaue Quelle nicht angeben und zitiere Sartre auch nur nach Gedächtnisprotokoll. Gehört habe ich es in einer einschlägigen Fernsehsendung.)

Und es war auch Martin Heidegger, der in seinen Schriften das **Schreckenerregende** erwähnte, das Schreckenerregende des völlig Unerwarteten, womit auch allein er eine bedeutende Eigenschaft der Quantennatur beschrieb, ohne es bewusst als solches erkannt zu haben.

Demgegenüber waren alle, ausnahmslos alle Interpretationen, von denen ich zuvor über das Wesen der Quantennatur bzw. der Quantenmechanik gelesen und gehört hatte, schlicht falsch. Martin Heidegger aber – der Gigant unter den Philosophen, wer mag sich da noch wundern?

# DIE 3 DIMENSIONEN VON ZEIT

Zuvor habe ich bereits darauf hingewiesen, dass Zeit nicht nur 1 Dimension hat, sondern 3, so denn die **Vergangenheit**, auf die wir in der **Gegenwart** die **Zukunft** aufbauen. Das ist so auch die Forderung der Urkraft an den Menschen. Denn erst der Mensch ist fähig, die 3 Dimensionen im Licht des bewussten Seins sinnvoll zu entfalten, wenn auch nur sehr begrenzt im Vergleich mit der überragenden Intelligenz seiner genetischen Folge, der Gottheit bzw. des Panthron, bei dem auch größte Tiefen von Sein+Zeit im hellen Licht des bewussten Seins, des Bewusstseins, erkennbar werden.

Aber immerhin ist die menschliche Kompetenz ein nicht unerheblicher Beginn der ganz neuen Dimension von Sein+Zeit, der Gottheit, zumal der Mensch mit seinen Fähigkeiten in diese Dimension hineinreicht, er das Bindeglied ist zwischen dem Tier und dem Panthron. Und dazu noch ist ihm die Fähigkeit der Assoziation und des analogen Denkens gegeben, wodurch auch erst meine Erkenntnis von den 3 Dimensionen der Zeit möglich wurde.

Und auch schon zuvor habe ich Augustinus erwähnt: Dieser vor 1600 Jahren lateinische Kirchenlehrer meinte, dass die Vergangenheit eine Erinnerung in der Gegenwart, die Zukunft eine Erwartung in der Gegenwart, während die Gegenwart selbst ein aus der Zukunft in die Vergangenheit an unserem Geiste vorüberziehender Moment sei, sodass es für ihn nur die **Gegenwart des Vergangenen**, die **Gegenwart des Gegenwärtigen** und die **Gegenwart des Zukünftigen** gab. Somit hatte er zwar von 3

Zeiten gesprochen, jedoch voneinander isolierten, nicht von der Einheit in 3 Dimensionen, was aber eine Wesenheit von Zeit ist.

Denn wenn auch z.B. Dinge und Personen der Vergangenheit vor unserem inneren Auge stehen und sie dennoch nicht mehr realiter vorhanden sind, so sehen wir, übertragen auf die 3 Dimensionen des Raumes, aber auch in dessen Tiefe – in einer seiner 3 Dimensionen! – Dinge, die schon lange nicht mehr existieren, nicht in dem von uns visuell wahrgenommenen Zustand, etwa den von vielen Milliarden Lichtjahren entfernten Galaxien.

Und genau so verhält es sich mit der Vergangenheit auf der mentalen Ebene von Sein und Zeit, wenn dort etwas real nicht mehr ist und wir es nur noch in der Erinnerung haben und lebendig vor dem geistigen Auge wie auch in unseren Träumen: Verwandte, Bekannte und hier und da sogar berühmte Persönlichkeiten, Menschen, die nicht mehr leben, mit denen wir aber sinnvolle geistige Verknüpfungen pflegen können, weil sie uns durchaus immer noch etwas sagen können, was für uns wiederum hilfreich sein kann.
(Jedoch meine ich hier keineswegs das gespenstische Stühlerücken und Geisterbeschwören in den einschlägigen obskuren Zirkeln, die nur der Verdummung und Abzocke dienen.)

Was wir in den Tiefen des Raumes sehen, ist dort nicht mehr die Gegenwart, sondern die Vergangenheit. Und was wir in Tiefen von Sein+Zeit sehen, ist dort in gleicher Weise nicht mehr das Gegenwärtige, sondern auch nur das Vergangene.

Das ist jedoch kein Beweis für ein Raumzeitkontinuum, weil im vorliegenden Fall die angenommene Zeit nicht nur 1 Dimension hat, sondern als echte Zeit auch lebendig ist, sodass der Vergleich nur die Gleichartigkeit der Wahrnehmung aufzeigt: einerseits auf der visuellen, andererseits auf der mentalen Ebene!

In beiden Fällen, auf der Ebene des Raumes mit seinen 3 Dimensionen wie auf der Ebene von Zeit mit ihren 3 Dimensionen, können wir so denn das Gesehene in den Tiefen des Raumes wie in der Vergangenheit von Zeit nutzen und verwerten, obgleich es längst nicht mehr real vorhanden ist, sodass wir aber z.B. Erkenntnisse zu gewinnen und sinnvolle Rückschlüsse zu ziehen vermögen, was sonst nicht möglich wäre.

Dennoch war Augustinus meiner Erkenntnis über die Zeit sehr nahe, weil er ihr eine gewisse Subjektivität zusprach, im Gegensatz zu Plato, der eine rein objektive Zeitauffassung hatte.

Jedoch – die Ebene von Materie+Energie ist völlig unabhängig von Zeit im Raum existent, während im Gegensatz dazu Zeit ohne die Hülle Sein, und die wiederum ohne Materie und ohne Raum, absolut nicht möglich ist, sodass Zeit auch eine rein subjektive Erscheinung ist, keineswegs ein Dualismus auf mentaler **und** auf visueller Ebene im Raum, so denn nicht als objektives Phänomen in den Dingen und der Welt!

Das, was die objektive Zeitauffassung Platos und zum Teil von Augustinus war, ist hingegen nichts anderes als das **PHÄMA**, siehe dazu in diesem Band meine Ausführungen in dem Unterkapitel zu Einsteins großen Irrtümern: **Die Zeit und das Phänomen der Materie**.

Die Erkenntnis mit der klaren Unterscheidung des Phäma auf der unteren Ebene von Materie+Energie und der Zeit auf der gehobenen Ebene Sein+Zeit war daher auch die notwendige Voraussetzung, um das Wesen von Zeit zu verstehen. Dennoch gibt es hier, ich weise wiederholt darauf hin, keine Entsprechungen zwischen dem Phäma und der Zeit. Sie sind zwei grundsätzlich verschiedene Dinge.

Dazu muss ich anmerken, dass ich den Begriff Zeit in meinen Schriften auch in der gewohnten objektiven Form anwende, da er nun mal in unserem Sprachgebrauch schon immer so verwendet wurde, sodass es nur eine Vereinfachung der Darstellung ist, die sicher dem besseren Verständnis dient.

Auf diese Weise hat der Begriff Zeit 2 Bedeutungen: Das eine Mal ist Zeit objektiv und also identisch mit dem PHÄMA und ohne die 3 Dimensionen. Das andere Mal ist Zeit das eigentliche, das subjektive und uns innewohnende Phänomen, um das es in meinen Schriften letztendlich geht. Und nur so auch hat sie die 3 Dimensionen. (Diese Unterscheidung hat bislang niemand gemacht.)

Zur Markierung objektiver Zeit auf der Ebene von Materie, schon im Kapitel über Einstein erwähnt, verwende ich ein Sternchen: *Zeit.

Wenn nun jemand kritisiert, dass die tiefere Vergangenheit nur noch bereits leblose Personen und Ereignisse vorzuweisen hat und die weiter entfernte Zukunft auch noch nicht Geborenes, sodass es meiner Aussage widerspreche, wonach Zeit aber lebendig sei. Hier beachte man wieder, dass Zeit eine mentale Erfahrung ist, wo auch die toten Dinge und Personen durchaus lebendig vor unserem inneren Auge stehen können. Und dasselbe gilt für die Zukunft mit unseren Visionen.

Gäbe es nun jedoch diese 3 Dimensionen von (subjektiver) Zeit nicht, so könnte ich nicht auf die Vergangenheit zurückgreifen, um dann in der Gegenwart etwa meine Schlüsse für die Zukunft zu ziehen. Und das ist wiederum auch nur möglich, weil diese Zukunft in gleicher Weise eine Dimension ist wie Vergangenheit und Gegenwart. **Denn ohne Vergangenheit sind wir nicht und nichts und ohne Zukunft sind wir nichts und nicht.**

Keine dieser 3 Dimensionen darf vernachlässigt und etwa als **vergangen und vergessen** oder mit den Worten „**Was kümmert´s mich, was morgen ist**" abgetan werden. Jede hat ihre spezifische Bedeutung. Und auch erst das Wissen über viele Generationen hinweg, von der Vergangenheit bis in die Gegenwart, schlägt sich in der sehr fruchtbaren **Gruppen-** oder **Schwarmintelligenz** nieder. Und früher nannte man es auch, und absolut zu Recht, **das gesunde Volksempfinden**.

Aber Vorsicht! Es gibt als Gegensatz zur Schwarmintelligenz leider auch die Schwarmdummheit. Die erkennt man dort, wo sich die Dummen und Verdummten und ihre Protagonisten (Hauptakteure) zusammenrotten und ihre Dummsprüche kultivieren und verbreiten.

## FREIHEIT, DIE ICH MEINE

... die mein Herz erfüllt, komm mit deinem Scheine, süßes Engelbild. Magst du nie dich zeigen der bedrängten Welt, führest deinen Reigen nur am Sternenzelt.[8]

Freiheit in unserer „Wertegemeinschaft" ... Es wird uns eine Freiheit eingeredet, die es in der sinnvollen Bedeutung des Wortes hier nicht gibt, denn Freiheit ist mehr, sehr viel mehr als **frei von Ketten**, das Urbild von Freiheit.

Die gegenwärtig falsche Deutung macht so aber auch das Opfer sehr schnell zum Täter, genauer: zum Tat-Opfer in den mannigfachen Folgeverbrechen. Das ist dort, wo ich als Opfer beim Versuch zu überleben meine Identität verliere und Dinge tue, die ich in einem intakten Umfeld niemals tun würde. Man wird zu jemandem, der man nicht wirklich ist und auch nicht sein möchte.

Diese Spirale der Gewalt kann jedoch erst dann durchbrochen werden, wenn ich die Zusammenhänge richtig erkenne und weiß, was Freiheit ist: **frei sein von** jeder schändlichen Tat. Anderen Deutungen fehlt die Sinnkraft und sind daher auch nur das verhängnisvolle Alibi des Täters mit auch allen bösen Folgen für sein Opfer.

.

---

8  Die erste Strophe eines deutschen Volksliedes.
Der Dichter Schenkendorf schrieb den Text 1815 unter dem Eindruck der Befreiungskriege. Und Karl August Groos komponierte wahrscheinlich im Jahr 1818 die Melodie. (Quelle: de.m.wikipedia.org)

Der Mensch ist somit auch allein frei dort, wo er ist

- **frei von** Isolation
- **frei von** Not und Ängsten
- **frei von** Falschheit
- **frei von** Verdummung
- **frei von** Betrug und Fälschungen
- **frei von** böswilliger Manipulation
- **frei von** arglistiger Täuschung
- **frei von** Verschlagenheit und Hinterlist
- **frei von** Übervorteilung
- **frei von** Süchten und falschen Gefühlen
- **frei von** Drohung, Nötigung und Erpressung
- **frei von** Korruption
- **frei von** Unterdrückung und Demütigung
- **frei von** Vergewaltigung
- **frei von** Raub und Mord

  und erst in deren Folge
- **frei für** den gesunden Menschenverstand
- **frei für** eine starke Mentalität
- **frei für** ein gerechtes Denken und Handeln
- **frei für** die Liebe
- **frei für** ein sinnvolles Leben

**DAS IST FREIHEIT !!**

Und diese Freiheit hat eine ganz erstaunliche Konsequenz, in zweierlei Hinsicht! Denn für den Menschen bedeutet es, dass er weder zum Täter noch zum Opfer wird, weil er nur dann frei ist, wenn er einerseits nicht der Gefangene und andererseits nicht der Sklave dunkler Triebe ist: der eine nicht der Gefangene seiner eigenen dunklen Triebe, der andere nicht der Sklave dessen, der ein Gefangener seiner dunklen Triebe ist, weil es diesen nicht mehr gibt.

Somit bedeutet Freiheit:
**Der Mensch ist nicht das tätige Subjekt der eigenen dunklen Triebe und wird daher nicht zum Täter.**

Und sie bedeutet:
**Der Mensch ist nicht das leidende Objekt der dunklen Triebe des Anderen und wird somit nicht zum Opfer.**

Daher ist Freiheit auch allein dort, wo der Mensch frei atmen und seine Kräfte auf die sinnvollen Dinge des Lebens richten kann, ohne mit schweren und schwersten Problemen belastet zu sein, die oft zum Tode führen. Denn die unvermeidlichen Folgen falscher Freiheiten sind nur Unfrieden, Isolation, Hilflosigkeit und Selbstzerstörung, Eigenschaften, die ein retardierendes, ein hinauszögerndes Moment für ein sinnvolles Fortkommen sind.

Erst mit dieser richtig verstandenen Freiheit, einer Freiheit im richtigen Umfeld, in dem **Sicherheit** diese Freiheit zunächst möglich macht, dort erst kann der Mensch sich frei bewegen und mit seinen geistigen Kräften und Fähigkeiten frei entfalten – zum Wohle seiner selbst und der ganzen Menschheit. Denn dort erst ist Frieden in unseren Köpfen und Herzen, der Garant für den auch äußeren Frieden!

Ohne diese Sicherheit jedoch wird er sehr bald das Opfer eines penetranten Unverstandes und krimineller Ignoranz: vogel**frei**, die **Frei**beute und das **Frei**wild für den Täter. Und das mit allen Ingredienzen der Angst, des Kummers und der Sorge, der Orientierungs- und Hilflosigkeit, der Isolation und Einsamkeit, der Selbstzerstörung und so auch des Leidens und Sterbens.

Schließlich noch Randbemerkungen zur Freiheit:
Wenn Künstler und Konsorten von **freier Liebe** sprechen, ist das falsch. Es muss heißen **freie Sexualität**, denn diese ist frei von Liebe. Alles andere irritiert nur und bringt Liebe ins Spiel, wo es sie gar nicht gibt.

Und: „Freie Fahrt für freie Bürger" – eine der vielen nassforschen Deutungen im Unverständnis für Freiheit, wie sie hier und da zu hören sind.
Das trifft auch zu auf die vollmundige Prahlerei: „Wir sind freie Bürger in einem freien Land." Das klingt wie Abrakadabra, womit sich die Tore der Toren, der Ahnungslosen und Gutgläubigen weit öffnen und ihre Sinne betört werden von den wieder mal falschen Gefühlen für Freiheit.

Und schlussendlich gebe ich **Johann Wolfgang von Goethe** das Schlusswort zum Wesen der Freiheit, auch wenn er es nicht umfassend erklärt,: „Das Glück der Freiheit besteht nicht darin, dass man alles tut, was man tun mag und wozu uns die Umstände einladen, sondern dass man das, ohne Hindernis und Rückhalt, auf dem geraden Wege tun kann, was man für recht und schicklich hält" – aus **Wilhelm Meisters Lehrjahre**.

## DER FREIE WILLE –
## EIN FOLGENSCHWERER IRRTUM

Allein schon die unwiderlegbare Manipulierbarkeit des Menschen führt die These vom freien Willen ad absurdum. Denn der so manipulierte Mensch folgt nicht mal mehr seinem eigenen, geschweige denn einem freien Willen!

Und was sagt die Wissenschaft dazu?
**Der Flügelschlag des Schmetterlings in Peking ist die Ursache für den Hurrikan in der Karibik** – so eine Erkenntnis der modernen Chaosforschung aus den 1980er Jahren.
Aber schon davor schrieb ich bei den ersten holprigen Versuchen, meine Erkenntnisse über die Liebe philosophisch zu artikulieren, die folgende Sentenz nieder:
**Wir sind eingebettet in das dichte Kausalnetz aller Ereignisse und aller *Zeiten. Daher gibt es auch keinen freien Willen. Nur der Wille ist, der von einer Zielvorstellung geleitet wird. Diese Zielvorstellung wird qualitativ von der Tiefe des individuellen Erkenntnisspektrums bestimmt.**

Es ist grundsätzlich das, was auch die Chaosforschung später erkannte. Nur gingen meine Erkenntnisse noch weiter. Denn das Kausalnetz bedeutet, dass der Mensch nur das wollen kann, was er auch vor Augen hat und von dem er glaubt, dass es richtig ist für seine Wünsche und Belange, unabhängig davon, ob das, was er will, gut oder böse ist, und unabhängig davon, ob das, was er vor

Augen hat, nur durch Manipulation eines Außenstehenden beeinflusst wird.

Diesem Kausalnetz können wir nicht entrinnen, auch und gerade dann nicht, wenn wir nur einem fremden Willen folgen, der uns manipulativ dazu verleitet, etwas zu wollen und zu tun, was wir aber nie wirklich tun wollten.
In allem, was ich in den Jahrzehnten hernach beobachtet habe, auch an mir selbst, wurde mir diese Erkenntnis bestätigt.

Folglich dient der angeblich freie Wille dem Täter nur als Alibi für seine böse Tat, weil dieser freie Wille auch eine Selbstschuld einschließt, wodurch der Täter formaljuristisch entlastet ist.
Und der außenstehende Ahnungslose und Gutgläubige stimmt dem auf diese Weise nicht erkannten Täter zu und spendet ihm obenauf Beifall, während Wahrheit und Wirklichkeit ist, dass das manipulierte Opfer allein der Lüge, dem Betrug, der Fälschung, der Heimtücke, der Verschlagenheit und Hinterhältigkeit in den Artikulationen und Handlungen des Täters erlegen ist.

Vom freien Willen und der Selbstschuld bleibt somit nichts übrig als auch der freie Wille und die Schuld der Maus, der vom Falleisen das Genick zertrümmert wird, nachdem sie von duftendem Speck angelockt wurde.

Ohne Zweifel hat unter dieser Voraussetzung des „unfreien" Willens sogar auch der Täter keinen freien Willen, und er unterliegt also auch keiner Selbstschuld, sooft er seinen dunklen Trieben folgt. Er kann nicht anders, weil es ihm entweder angeboren ist, siehe seine ererbten Gene, oder das Umfeld, das dichte Kausalnetz dieses Umfeldes, seine Tat erst möglich macht oder sogar provoziert, sodass er auch oftmals zum Tat-Opfer wird.

Das rechtfertigt allerdings seine Tat nicht. Aber die Bedingungen, unter denen der Mensch zu leiden hat und unter denen er z.B. korrumpiert oder kriminell wird, müssen geändert werden, damit der Mensch in Frieden leben kann, ohne destruktive Anreize und Provokationen. Das Umfeld ändern heißt, zunächst die eigentliche Ursache für das Böse identifizieren, um dann die geeigneten Maßnahmen ergreifen zu können.

Andererseits – für das Böse dieser Welt gibt es fraglos auch einen Grund, warum es böse ist, denn von der Kausalität ist nichts ausgeschlossen. Sie ist das oberste Prinzip für alles Denken, Fühlen, Sprechen und Handeln und darüber hinaus das neuralgische Zentrum im Wirkkreis der Urkraft.

Wenn nun aber jemand wegen der Schuldlosigkeit auch des originären Täters und nicht nur des Tat-Opfers meint, dass damit alle Strafverfolgung eine Farce sei und keine Rechtfertigung finde, der irrt. (Zum **Tat-Opfer** im Weiteren mehr.)

Er irrt sehr, denn wir grenzen auch ein gefährliches Raubtier von der menschlichen Gesellschaft aus. Es wird etwa im Zoo eingesperrt, also ausgegrenzt, damit es den Menschen kein Leid zufügt, **obgleich** es nichts dafür kann, dass es raubt und tötet, weil es die Wesenheit der Urkraft ist, alles geschehen zu lassen, so auch das Böse neben dem Guten (siehe die Ausführungen im Band 2).

Möglich sind die Missstände jedoch nur, weil es noch keine Gottheit gibt, die das Geschehen umfassend harmonisieren könnte, während sie aber ein Teil von Zukunft ist, das zentrale Geschehen in der ganz neuen Dimension von Sein+Zeit, siehe den **PROLOG** in diesem Band und das Kapitel **Die Urkraft** im Band 2.

Mit der böswilligen Manipulation geht in der ausweglosen Verzweiflung des betreffenden Opfers aber auch eine sehr tragische Persönlichkeitsänderung einher – Ursache für die sodann unvermeidlichen Folgeverbrechen des Betruges, der Gewalt, des Raubens und des Tötens.
Damit aber wird aus dem Opfer ein **Tat-Opfer,** das zu Unrecht vor Gericht steht, weil hier im tiefen Grunde das Fremdverschulden des böswillig Manipulierenden vorliegt.

Im Gegensatz zur Manipulation steht das **Führen**, wo der Führende kein Arg kennt und nicht eigennützig, sondern für das Gemeinwohl handelt. Auf diese Weise bewahrt und schützt er den Geführten vor dem Zugriff des Bösen – ein wichtiger Akt der Menschlichkeit, weil der Mensch ohne Zweifel keinen freien Willen hat, sodass er durch böswillige Manipulation, arglistige Täuschung, durch Lüge, Betrug, Falschheit und Fälschung und Desinformation in eine Richtung gelenkt werden kann, die er nicht zu überblicken und beherrschen vermag, sodass ihm das Geschehen oftmals zum Verhängnis wird.

Die grausamen Folgen der Lehre vom freien Willen liegen daher allein auf der Seite des Opfers, während der Täter damit gut und sehr gut leben kann. Denn vor diesem Hintergrund penetranter Verlogenheit sind auch jedem Verbrechen und Verbrecher Tür und Tor weit geöffnet, für ein Wollen, das in wilde Fantasien ausartet.

Diese lebt er auch rücksichtslos gegenüber seinem Opfer aus, sodass schließlich aber alles nach unten durchbricht – ohne jegliche Sorge und ohne Sinn und Verstand auf Seiten der Verantwortlichen in der Politik und bei den Medien.

Dass sich hierbei das ungezügelte Treiben des Täters auch folgenschwer gegen die Naturgesetze richtet, ist damit erklärt, dass er nicht nur den Selbsterhaltungstrieb und das Selbstwertgefühl seines Opfers und über das hinaus die Sinnkraft des Lebens böswillig ignoriert und zerstört. Zu diesen Naturgesetzen gehört seit nunmehr 5000 Jahren aber auch die Liebe als vierte Grundkraft der Natur, siehe das sexuell-erotische Kraftfeld, wobei, wie immer, die Betonung auf **erotisch** liegt.

**Und ein Kind erst <u>dieser</u> Liebe ist auch die Nächstenliebe und ebenso die Empathie**, Eigenschaften, die jedoch in des Täters nahezu ungestörter Freiheit und Willkür verenden.

Der Grund: Das Goldene Kalb und die von der Liebe isolierte Sexualität, die beide den Mittelpunkt unserer Gesellschaft bilden, sind keineswegs zwei voneinander unabhängige Größen. Vielmehr bedingen sie einander; denn dort, wo das Goldenen Kalb im Mittelpunkt steht und verehrt wird, feiert auch die von Liebe isolierte Sexualität ihre verheerenden Triumphe. Das spiegelt sich treffend in dem gängigen Spruch: **Action and Crime and Sex and Drugs**.

Und auch Plato, der Denker, hat all das bereits in seinem **Höhlengleichnis** vor schon fast 2500 Jahren so erkannt, wonach diese dunkle Höhle ein Hort des Verbrechens und Tummelplatz für Verbrecher ist, worin die Mächtigen mit menschenverachtender Methodik die Bewohner durch Schattenspiele an der Wand böswillig manipulieren und arglistig täuschen.

Jedoch – die Höhlenbewohner selbst, sie schlagen lieber den tot, der ihnen die Wahrheit sagt, bevor sie ihm ins Licht vor der Höhle folgen, ins Licht des Erkennens und der Erkenntnis. – Was aber ist bei uns anders als das, was dieser Denker schon vor langer Zeit gewusst hatte??

Und hierzu passt es auch nur zu gut, sooft in unserer „Wertegemeinschaft" jemand als sexiest Man bzw. Woman ausgezeichnet wird: Die pralle Sexualität, wie sie bei uns von den Medien aus vollen Kanonenrohren gefeuert und gefördert wird, aber kein Liebreiz. Wenn man jedoch weiß, dass es die Sexualität bereits seit fast 400 Millionen Jahren in der Welt des Tieres gibt, dann weiß man auch, dass dies ein „kultureller Fortschritt" Millionen Jahre zurück in die Vergangenheit ist, in eine *Zeit ohne Liebe und Geist.

Diesen Zuständen folgt so aber auch die ganze Reihe mentalen Verfalls in unserer dunklen Höhle: die Gier, der boshafte Neid, die Menschenverachtung, die Sado-Maso-Mentalität, die Prostitution, die Pornoindustrie, der Menschenhandel, die Pädophilie, die Süchte jeder nur denkbaren und eigentlich auch undenkbaren Art, etwa die Sexsucht, die Glücksspielsucht, die Handysucht, die Fress- und Kotzsucht und die Magersucht ..., und dann schließlich das Schräge, der Fetischismus, der Voyeurismus, der Exhibitionismus, das Bizarre und das Absonderliche – und im Besonderen das Absurde; denn jedes Verbrechen ist auch absurd, weil es sich gegen die Menschlichkeit und Menschenwürde richtet.

Dem allen stehen jedoch gegenüber der rechtschaffene Bürger und die widerspenstige Jungfrau mit ihren hohen Tugenden. In unserer Gesellschaft werden sie allerdings nur noch als Auslaufmodell behandelt: bieder, spießig, kleinbürgerlich, verklemmt, von gestern, obrigkeitshörig, autoritätsgläubig, starrköpfig, engstirnig – und was sonst noch in dieser Reihe schwerer Diskriminierung zu nennen ist.
ATMEN SIE JETZT BITTE ZUNÄCHST WIEDER GUT DURCH, BEVOR SIE WEITERLESEN.

----------

Soweit es nun um den Gegensatz des freien Willens geht, den nicht freien Willen, spricht man in der Philosophie vom **Determinismus**.
Das kann ich nicht akzeptieren, weil dieser Begriff eine negative Begrenztheit suggeriert und daher schlicht falsch ist. Denn in allen Dingen ist die Metamorphose (die Änderung, die Wandlung) gegeben, sodass auch der Wille, ob im Guten oder Schlechten, so oder so die Dinge ändern kann.

Der Determinismus hat hingegen eine sehr negative Sichtweise, weil er abgrenzt, eine Grenze setzt: bis dahin und nicht weiter! Oder anders: Wir können gegen unser Schicksal nicht an, mit der Konsequenz, dass wir die

Hände in den Schoß legen und uns diesem Schicksal ergeben sollen.

In der strengen Folge des Determinismus gibt es demnach auch keine weitere und schon gar keine sinnvolle Evolution, die uns die neue Dimension von Sein+Zeit mit der Gottheit erschließen könnte.
Damit fehlt diesem Begriff allerdings die Erkenntnis vom dynamischen Sein, wenn doch alles im Fluss ist – panta rhei, was auch für die Ebene M+E gilt.

Die Kausalität ohne eine Vorbestimmtheit des Schicksals, sie schließt nicht aus, dass ich aufgrund meiner Erkenntnisse so aber doch einen Willen habe, mit dem ich die Dinge zum Guten hin ändern kann, womit dieser Wille jedoch über seine „Unfreiheit" hinweg triumphiert.

Das widerspricht auch nicht der Vorsehung im Wirken der Urkraft, eine Vorsehung, die wir mit unseren Visionen im Roten Faden sinnvoller Evolution wahrnehmen können, während der Vorbestimmtheit im Determinismus nicht nur die Dynamik genommen ist, sondern auch das im Wirken der Urkraft noch Offene mit der Unbestimmbarkeit des Geschehens, das sich durch die Erkenntnis aber wandelt oder wandeln kann in das **erwartete Unerwartete**.

Unbegrenzt mit seinem Willen handelt somit nur der, der Böses will und dabei sein Opfer abschiebt in die Selbstschuld – die fatale Folge des fälschlich angenommenen und böswillig vorgeschobenen freien Willens, einer verhängnisvollen Interpretation biblischen Ursprungs.

Zu meiner Erkenntnis gibt es daher auch keine Alternative: Maßgebend für unser Handeln ist

**nicht der freie Wille,
aber der Wille in Freiheit**

Etwas genauer: … **nicht der freie Wille,** den es nicht gibt, **aber der Wille in Freiheit**, das ist die stringente (durchgängige) Forderung der Urkraft an den Menschen, damit die Zukunft nicht ist wild.

Anzumerken ist hier noch eine Sendung des Fernsehens im Frühjahr 2017. In ihr wollte man bei der Untersuchung eines menschlichen Gehirns mithilfe der Magnetresonanztomographie (MRT) herausgefunden haben, dass es in einigem Umfang doch einen freien Willen gebe.

Das hatte man daraus gefolgert, dass das Gehirn bei einem Versuchsablauf zunächst selbständig eine Entscheidung traf, die dann aber doch durch die bewusste Entscheidung des Probanden, in diesem Fall war es der von mir bereits erwähnte Naturphilosoph und Astrophysiker **Harald Lesch**, korrigiert werden konnte und somit einen freien Willen nachweisen sollte – FALSCH! Das ist die falsche Schlussfolgerung. Denn dieser Vorgang beweist etwas ganz anderes:

Die selbstständige Vorabentscheidung des Gehirns ist nicht der Nachweis dafür, dass der nicht freie Wille durch die nachträgliche bewusste Korrektur in einen freien Willen mündet. Vielmehr ist es der Nachweis dafür, dass zunächst das dunkle Unterbewusstsein, also nicht das helle Bewusstsein (beides geschieht im Gehirn!), eine reflexartige Entscheidung trifft, die eher meinem Genom, meinen ererbten Anlagen, entspricht, während in der Folge durch die bewusste Korrektur nur eine andere Entscheidung nachgewiesen wird, die jedoch keineswegs einen freien Willen beweist.

Denn die Korrektur, die andere Entscheidung, ist einzig der Nachweis dafür, dass sich der bewusste Wille durch **äußere Einflüsse** anders entscheidet. Gemeint sind hier die Erziehung im Guten oder Bösen etwa durch Eltern und Lehrer und die Einflüsse durch Medien und Politik.

Und somit wurde bei dem MRT-Test nichts anderes als auch der nicht freie Wille nachgewiesen, der letztlich den schicksalhaften Bedingungen der Umwelt verhaftet ist. Denn der Mensch wird unwiderlegbar durch entweder uneigennützige und richtige Informationen und Anleitungen im Guten geführt, oder er wird durch wissentliche und eigennützige Desinformationen im Bösen **ver**führt.

Auch **Martin Luther** hatte schon den unfreien Willen des Menschen richtig erkannt und widersprach dabei entschieden seinem Kontrahenten, dem niederländischen **Erasmus von Rotterdam**. Denn dieser postulierte auf biblischer Basis den freien Willen, während Luther vom nicht freien Willen sprach, ein Wille, der entweder dem Teufel oder dem Göttlichen, also dem Bösen oder dem Guten, verhaftet ist.

## – SOPHISMUS –
## DAS WORT ALS TOTENGRÄBER
## VON WAHRHEIT UND WIRKLICHKEIT

Die Macht des Wortes ist immens, sein Gewicht jedoch ist zweischneidig und diametral entgegengesetzt. Denn im Namen des Guten ist das Wort auch wie das Schwert des Gerechten, das den Schuldigen richtet. Im Wirkkreis des Bösen hingegen ist es wie die Sense des Todes, die den Unschuldigen hinrichtet.

Letzteres ist überaus verhängnisvoll, weil das falsche Wort ein Akt der körperlichen Gewaltlosigkeit und somit des Psychoterrors ist – ein klarer Hinweis darauf, dass es einen entschieden schweren Mangel in unserer Rechtsprechung gibt. Denn diese ist nahezu nur ausgelegt auf die Folgen der sichtbaren körperlichen Versehrtheit, während der Psychoterror weitaus verheerendere Folgen haben kann, die für das Auge aber oft nicht erkennbar sind.

Ich habe das an anderer Stelle auch damit verglichen, dass wir in dem einen Fall, gemeint ist die rein körperliche Gewalt, das atomare Umfeld haben, das Ereignisfeld einer Atombombe, das unsere Sinne beleidigt, sodass wir dort auch weitaus eher bereit sind zu helfen.

Demgegenüber gibt es im anderen Fall, gemeint ist im Wesentlichen der Psychoterror, das Ereignisfeld der Neutronenbombe, wo die äußere körperliche Unversehrtheit unsere Bereitschaft zu helfen blockiert, da ja kaum etwas Schlimmes wahrnehmbar ist und „nur" die unsichtbare

Seele verletzt ist, mit den allerdings nicht selten tödlichen Folgen. Als das jedoch noch geringste Beispiel nenne ich das Mobbing. Somit ist das falsche Wort auch wie die Sense des Todes, mit der in gleicher Weise verhängnisvollen Deutung und Wirkung, wie wir es im Falle des „freien Willens" und generell der „Freiheit" nur zu gut kennen.

Hierzu gibt es passgenaue Zeilen aus der **Dreigroschenoper von Bertolt Brecht**:
*Denn die einen sind im Dunkeln / und die andern sind im Licht / und man siehet die im Lichte / die im Dunkeln sieht man nicht.*

Und so ist es auch ein Leichtes, nach Art der Sophistiker, der Pseudophilosophen des antiken Griechenlands, mit dem falschen Wort alle Wahrheit und Wirklichkeit nicht nur der Gegenwart gründlich auf den Kopf zu stellen, denn „die im Dunkeln sieht man nicht", und man erkennt sie nicht – die Täter nicht, die Opfer nicht.

Damit tut sich aber zwischen dem Wort und der Wahrheit ein endloser Abgrund auf: das Wort als Totengräber von Wahrheit und Wirklichkeit und Grund für Unfrieden, Rebellionen, Bürgerkriege, Kriege und Weltkriege.

Allerdings, auch in noch anderer Hinsicht kann das Wort verhängnisvoll sein, sooft es nach Art der Sophistik missbraucht wird, sodass es allein der Verdummung der Gutgläubigen, der Unwissenden, der Unbefangenen und Ahnungslosen dient. So schwärmen unsere Politiker und ihr Fußvolk penetrant und sträflich ignorant von Freiheit, freier Meinung, Rechtsstaat, Frieden, Menschenrechte und Demokratie, die es bei uns geben soll. Dem stehen jedoch gegenüber:

**Freiheit** – siehe dazu das Kapitel **Freiheit, die ich meine** hier in diesem Band. Nicht auch ist sie die Freiheit des Täters, sooft ihn die Rechtsprechung frei spricht und hierbei aber die Belange und das Wohlergehen des (potenziellen) Opfers missachtet und durchkreuzt werden. Denn an keinem Punkt dürfen des Täters Rechte die Rechte des Opfers verzerren oder gar außer Kraft setzen. Andernfalls ist Freiheit nur die Freiheit und Willkür des Täters und das Leiden und Sterben seines Opfers.

**Freie Meinung** – hierbei stehen sich in schockierendem Gegensatz bei uns gegenüber:

| | |
|---|---|
| auf der einen Seite die legalisierte und geförderte falsche Meinung ↓ | auf der anderen Seite die der Selbstschuld überlassene und sträflich missachtete Meinung mit dem Hilfeschrei ↓ |
| **der Schlange** **des Schakals** **des Aasgeiers** **des kapitalen Hais** ↓ | **der Maus** **vom Kitz** **der wehrlosen Beute** **des schutzlosen Opfers** ↓ |
| und ebenso die Meinung ↓ | und ebenso die Meinung ↓ |
| **des Unwissenden** **des Verdummten** **des Ahnungslosen** **des Gutgläubigen** | **des Wissenden** **des Mitfühlenden** **des Unbeirrbaren** |

Man beachte hierzu bitte (sehr, sehr wichtig!!):
Wir sind einerseits schon Teil der kommenden Gottheit, andererseits aber auch noch Teil der Tierwelt. Daher auch ist das schöne Wort „Alle Menschen sind gleich" in der gegenwärtigen Entwicklungsphase des Menschen nur ein Irrwitz und Täuschungsmanöver. Denn es gibt das sprichwörtliche Schwein wie eben auch, siehe oben, die Schlange, den Schakal, den Aasgeier und den kapitalen Hai und ebenso die Maus und das Kitz.

Alle anderen Interpretationen sind entweder erschreckende Dummheit oder gewollte Bösartigkeit.
Auch wieder **Bertolt Brecht** hat es richtig formuliert: „Wer die Wahrheit nicht weiß, der ist bloß ein Dummkopf. Aber wer sie weiß und sie eine Lüge nennt, der ist ein Verbrecher."
(Für ihn selbst war dieser Spruch allerdings ein entlarvender Bumerang. Nur schwer zu glauben, dass er ein Dummkopf war.)

**Rechtsstaat** – er ist die unerbittliche Folge der legalisierten falschen Meinung, siehe wieder oben. Denn Unrecht bleibt immer und ewig Unrecht und kann sich dabei auch nicht als geschriebenes Wort in Recht wandeln. So aber wurde auch hier, in unserem Rechtsstaat, das Wort zum Totengräber von Wahrheit, von Wahrheit und Gerechtigkeit.

Denn die, wie ich sie nenne, „satanischen Gesetzestexte" unseres Rechtsstaates machen jeder Gerechtigkeit den Garaus. Als Beispiel nenne ich den Grundsatz von „Treu und Glauben" in der Rechtsprechung, ein Grundsatz, der mit dem hier bitterbösen Wort der „Selbstschuld" aber nahezu außer Kraft gesetzt wurde.

Damit wird dem Täter eine geradezu unbegrenzte Freiheit eingeräumt – das geschriebene Wort als Instrument für die Freiheit und Willkür des Täters und für das Leiden und Sterben seines Opfers und daher ebenso hier als Totengräber von Wahrheit und Gerechtigkeit.

Und das geschieht in gleicher Weise mit dem gesprochenen Wort, sooft mit böswillig sophistischer Technik das Verbrechen z.B. in der verheerenden Willkommen-Kultur als gut und richtig verdreht wird und die Täter ihre Gegner z.B. als Alpen-Ajatollahs diskriminieren und ungestraft beim Volk verhetzen dürfen.

Indes aber brechen in dieser Willkommen-Kultur viele Menschen der indigenen Bevölkerung unter der unerbittlichen wie unerträglichen Last des blanken Unrechts zusammen und sterben, völlig unbeachtet und falschen Ursachen zugeordnet. Dort heißt es dann z.B., sie seien depressiv geworden und/oder am Herzinfarkt, am Hirnschlag, am Kreislaufzusammenbruch, an Krebs oder an sonst was gestorben.

So wird auch hier, wie überhaupt bei allen fatalen Vorkommnissen, die Ursache vertuscht und unkenntlich gemacht und der Blick allein auf die Symptome gelenkt, um die Täter in unserem „Rechtsstaat" zu schützen. Siehe hierzu auch im Besonderen das Kapitel **Statistik des Todes unter Merkels Willkommen-Politik** im Band 2.

Wenn man aber doch gezwungen ist zu begründen, warum sich beispielsweise ein bekannter und gut verdienender Profi-Fußballer vor einen Zug wirft, wird mit stundenlangem Brimborium im Fernsehen ein falscher Grund zelebriert: Seine sehr junge Tochter war 2 Jahre zuvor gestorben, sodass er schwer depressiv geworden sei, so die Behauptung, die uns jedoch nur und wie immer in die falsche Richtung schauen lässt.

Als ich jedoch nachwies, dass dies unzweifelhaft kein Grund sein konnte für seinen Suizid, er vielmehr, wie ich selbst und viele Millionen andere Teilnehmer am Kapitalmarkt, dort der schieren Unerträglichkeit des Geschehens ausgesetzt gewesen war, sodass er, wie leider ebenso schon viele andere mehr, dieser Unerträglichkeit ein endgültiges Ende gesetzt hatte …, tja, da gab es hierauf eine Reaktion, die in ihrer Niedertracht kaum noch zu überbieten war:

Man hat sich wie eine Schlange gewunden und erfand mit demselben Affentheater einfach einen ganz anderen Grund: Nun war es plötzlich der Dauerstress, dem ein Profi im Fußballgeschäft unweigerlich ausgesetzt sei … ERBÄRMLICH!! Und doch kein Einzelfall, wie ich es in meinen inoffiziellen Schriften immer wieder nachweisen konnte.

Und noch ein weiteres von vielen Beispielen in unserem „Rechtsstaat":
Das **Demonstrationsrecht** gegen Unrecht und Verbrechen wird durch das erlaubte Recht der Gegendemonstration und von Sitzblockaden unterlaufen und defakto außer Kraft gesetzt. Daher ist das Demonstrationsrecht

nur eine Farce und Augenwischerei, soweit es um Gerechtigkeit und nicht um (falsche) Meinungen geht.

Mag sich so aber noch jemand darüber wundern, wenn ich in meinen inoffiziellen Schriften R. von Weizsäckers Formel von der „Befreiung" der Deutschen entgegengetreten bin? Meine Worte hierzu: **Diese Formel hat für uns Deutsche den Wichs vom Knüppel aus dem Sack und den Bittergeschmack von Arsen und Zyankali.**

Aber weiter:
**Frieden** – Frieden ist etwas ganz anderes als das kurzfristig gebannte Donnern der Kanonen und Knallen der Gewehre, ist doch erst der Friede in unseren Köpfen und Herzen die Voraussetzung dafür, dass Gewehre und Kanonen für immer verstummen.

**Menschenrechte** – Wo, bitte, gibt es in unserer „Wertegemeinschaft" Menschenrechte, wenn ich bei meinem Hilfeschrei für die unzähligen Opfer dieser Gemeinschaft – ein Hilfeschrei bis hinauf an **ai** und den **UN-Menschenrechtsrat!** – nur auf dicke Mauern des Schweigens, des Leugnens, des Abschiebens in die Selbstschuld und des Weiterso-wie-bisher stoße?? ... **während jedoch die Opfer in ihrer Isolation hilf- und schutzlos ihrem grausamen, von Hand geschaffenen Schicksal erliegen und unbeachtet ersticken und verbrennen!**
Das habe ich vielfach in meinen inoffiziellen Schriften nachgewiesen und dokumentiert.

**Demokratie** – auch das, die Herrschaft des Volkes, ist etwas ganz anderes als der freie Gang der Menschen zur

Wahlurne, um dort das Kreuz der Umerzogenen und somit der Verdummten, der Verblendeten, der Ahnungslosen, der Gutgläubigen und Unwissenden zu machen.

Überdies denke ich hierbei auch an Churchill, der gesagt haben soll: „Ich traue keiner Statistik, die ich nicht selbst gefälscht habe."
Denn das kann ebenso und problemlos auf unsere freien Wahlen umgesetzt werden: „Ich traue keinem Wahlergebnis, das ich nicht selbst gefälscht habe", auf welche Weise auch immer. Das habe ich in meinen inoffiziellen Schriften ebenso hinreichend dokumentiert.

Es ging sogar so weit, dass die Fälscher mit ihrer Fälschung vor lfd. Kamera geprahlt haben, mit der Begründung, niemand würde die Partei mögen, bei der man das Ergebnis geändert habe – kriminelle Sophistik pur!! - Daher auch habe ich diese „Meinungsforschungsinstitute", von denen das Beispiel rührt und die mit ihrem Namen sogar einen wissenschaftlichen Anspruch für sich erheben, schlicht nur noch **Meinungsmacherinstitute** genannt, die nicht die geringsten Skrupel haben, den Wähler zu manipulieren, zu belügen, zu täuschen und zu verdummen.

So hat man bei uns für die böse Tat auch immer das gute Wort oder macht auch die andere böse Tat, um das Böse gut und das Gute böse erscheinen zu lassen. Für Letzteres könnte ich übrigens auch typische Beispiele anführen, die in ihrem Ergebnis verheerend waren, weil sie sich gegen die Menschlichkeit und Menschenwürde gerichtet haben. Und auch hierbei hat man mit haarsträubender Worttechnik die Unschuldigen belastet und die wirklich Schuldigen im kaum verborgenen Hintergrund unbehelligt gelassen.

Das wiederum heißt nichts anderes, als dass man mit solch sophistischer Technik des Wortes und der Taten mehr oder weniger subtil schleimigen Hass predigt und das Volk verhetzt gegen – welch Widersinn! –, gegen genau die, die für dieses Volk sprechen, weil sie dessen Not erkannt haben und seine Freiheit und Identität schützen wollen: seine Sprache, seine Kultur, seine Omnipotenz, seine Geschichte, seine herausragende Mentalität und wegweisenden Tugenden, die weltweit einzig sind.

Oder nennen Sie mir ein Volk der Gegenwart, das dem gleich käme oder das alles sogar noch übertreffen würde. Ich wäre problemlos bereit, mich zu korrigieren, solange der Einwand weder ein ungewollter Irrtum noch eine gewollte Lüge ist.

Und wenn sie sich sogar „schämen", vom Bundespräsidenten bis zum gemeinen Abgeordneten der Altparteien, dann ist auch diese falsche Scham nur der Totengräber von Aufrichtigkeit, Ehrlichkeit und anderen deutschen Tugenden in unserem Gemeinwesen.

Denn diese Scham der Gutmenschen ist keineswegs gerichtet gegen das eigene Versagen im Angesicht der unendlich vielen Opfer unserer „Wertegemeinschaft", wofür diese Gutmenschen über das hinaus in hohem Maße selbst mitverantwortlich sind, – iwo! Sie fremdschämen sich, weil die einzige echte Opposition durch Volkes Wille ins Reichstagsgebäude eingedrungen ist, in ihr Schlangennest der „Harmonie im Hohen Haus".

Denn mit starker Stimme – unangenehm, sehr unangenehm für die Altparteien! – sprechen die neu Eingezogenen nun das aus, was sonst nur mit leisen, kaum vernehmbaren Tönen bei den Altparteien vermauschelt, zerredet, falsch gedeutet und sogar geleugnet oder auch völlig verschwiegen wurde und wird.

Diese starken Stimmen könnten nun jedoch an die Ohren von denen dringen, die es im Letzten angeht und die bislang ertragen mussten, was dort im Schlangennest der Politik vermauschelt und geleugnet wurde, so die Angst der Alteingesessenen vor den Neuen.
(Allerdings haben die Neugewählten eine auffällige Schwäche, denn großenteils vermisse ich bei ihnen den tiefen Blick auf die wirkliche, wenn auch verborgene, **Ursache** unseres Leidens und Sterbens.)

Besonders zu nennen ist hier wieder die schwerst kriminelle Asylpolitik, die einer gigantischen Vergewaltigung gleicht und daher bei der indigenen Bevölkerung bereits sehr viele Opfer gefordert hat und jeden Tag neu fordert.

Das aber ist so auch Programm und ohnehin das deutlich vernehmbare Lippenbekenntnis der Verbrecher in den Altparteien: der Genozid an uns Deutschen „von seiner schönsten Seite", indem man uns im eigenen Land austauschen will gegen einen babylonischen Mischmasch fremder Völker, die dann besser beherrschbar sind als die immer noch und trotz Umerziehung widerspenstigen und ungehorsamen Deutschen.

Und so sind dann die starken Töne, die nur zu gut auch an die Ohren dieser indigenen Bevölkerung dringen, für die Schlange, den Schakale, den Aasgeier und kapitalen Hai der Altparteien mit ihren kaum hörbaren Tönen nur unangenehm, sehr, sehr unangenehm. Denn die im Gegensatz dazu unüberhörbaren neuen Töne rütteln nicht nur die noch schlafenden Bürger wach, sondern gefährden auch die fetten Posten und Pöstchen der Altgedienten in dieser tierischen Wildnis des „Hohen Hauses".

Wenn sich dann jedoch das Haupt dieser Schlangengrube erhebt, um im Zusammenhang mit ihrer Willkommen-Kultur von „Humanität" zu schwärmen, wie es zu erfahren war am 05.07.2018 in den Nachrichten: „Die Seele von Europa ist Humanität", so Merkels notorische Rabulistik, die im Angesicht ihrer schwerst kriminellen Asylpolitik jeder Menschlichkeit und Menschenwürde mit der Faust ins Gesicht schlägt ..., dann wurde ihr dieser Spruch zwar eingeflüstert, dennoch trägt sie eine große Mitschuld an den Verbrechen gegen uns Deutsche, weil sie damit genau das sagt und tut, was diese Menschenflüsterer als erklärtes Ziel beabsichtigen: den Volkstod der Deutschen „von seiner schönsten Seite".

Nach Merkels Vorstellungen, Menschlichkeit von uns Deutschen einzufordern, ist das somit nicht nur die Verhunzung eines hochwertigen Begriffs, sondern auch Zeugnis von der Niedertracht, mit der man eigene Verbrechen schönredet und den Widerstand gegen das „Weiter-so" verhetzt.
Das gleicht dem Defekt auf einer Schallplatte, wo sich mit ätzender Penetranz aller Schwachsinn von selbst wiederholt – immer und immer und immer wieder ...

Und für jedes einzelne Menschenopfer, das Sie, liebe Merkel, mit ihrem Verständnis von „Humanität" zu verantworten haben, sei es ein junges Mädchen, das vergewaltigt und/oder ermordet wurde, oder ein alter Mann oder eine alte Frau, die wegen der Ungeheuerlichkeiten bei Ihrem Treiben in aller Ohnmacht vor dem Geschehen ersticken und schon erstickt sind, habe ich geweint und weine ich viele, viele Tränen – Tränen, die nach innen auf den Grund der Seele fallen.

----------

Ein weiteres markantes Beispiel für das Schönreden eines Verbrechens lieferte man uns im Jahre 2009 mit dem Machwerk **Inglourious Basterds**. Hochgelobt in den Medien als ein „hervorragendes Kunstwerk", so etwa die Begründung. Die Wahrheit und Wirklichkeit jedoch:
Dieses „Kunstwerk" war und ist nichts anderes als eine gigantische Volksverhetzung gegen uns Deutsche und damit ein Verbrechen, zumal es auch hier einige Todesopfer unter den Deutschen gab, hervorgerufen durch Nachahmer dieses „Kunstwerks".

Denn einige schwer kriminelle jugendliche Migranten z.B. aus Schwarz-Afrika sahen hier die so auch geradezu gewollte Aufforderung, genau so zu handeln, wie es das „Kunstwerk" vorgeführt hatte, sodass sie Deutsche als Freiwild und vogelfrei betrachten, um sie mit Fußtritten und Faustschlägen zu Tode zu prügeln.

Was aber ist Merkels „Humanität" anderes als dies hoch gelobte „Kunstwerk" Inglourious Basterds, wenn sie ihre schwerst kriminelle Willkommen-Kultur und als Krönung auch das „Weiterso" mit dem Wort „Humanität" verharmlost und schönredet? ... und wenn dazu noch auch hier Menschenopfer unter der indigenen Bevölkerung zu beklagen sind, in diesem Fall sogar sehr, sehr viele? Und hat einer der Neugewählten nicht absolut Recht, wenn er in seiner Rede im „Hohen Haus" fordert, dass Merkel nicht auf die Regierungsbank, sondern auf die Anklagebank gehöre?

Liebe Merkel, wenn Sie auch nur die Frontfrau der im Hintergrund arbeitenden Protagonisten und Menschenflüsterer sind – kennen Sie hierzu aber den trefflichen Spruch: Mitgegangen, mitgefangen, mitgehangen?

Im Übrigen nennt man Rechtsbruch im Klartext **Verbrechen**. Oder ist Ihre Willkommen-Kultur etwa kein Rechtsbruch, also kein Verbrechen?
Oder sind etwa 95 bis 99 Prozent, die unter dem Deckmäntelchen von Asyl bei uns eindringen, keine Scheinasylanten und auch nicht nur das Ergebnis von schwerst kriminellen Schleppern und sonstigen Gangstern und Ganoven sowie auch deren Protagonisten und Menschenflüsterern im verborgenen Hintergrund? Und ist das nicht auch genau so gewollt für den Genozid an den Deutschen „von seiner schönsten Seite"?

Und schließlich noch ein vergleichsweise nur harmloses Beispiel für den kriminelle Umgang mit dem Verbrechen und für den wahren Zustand unserer „Wertegemeinschaft": Es geht um eine US-Komödie! von 2013 mit dem Titel **Wir sind die Millers**. Hierin wird eine ganze Familie als fideler Rauschgifthändler vorgestellt, mit dem unausgesprochenen Hinweis, dass man sich auch auf diese Weise ein sehr profitables Einkommen sichern kann, indem man nämlich das Leben anderer Menschen zerstört – lustig, lustig, fallerallerallera!! Und mach` ich selbst es so nicht heute, dann mache ich es morgen ...

----------

Nicht zuletzt denke ich in diesem Komplex aber auch immer wieder an **Heimat** – ein Ort der Identität nicht nur für uns Deutsche, ein Ort unserer Vorfahren und 1000-jährigen Geschichte, ein Ort geliebter Menschen, der Vertrautheit und Geborgenheit. Das alles aber reißen uns die Macher, das sind die „Menschenfreunde" und „Auserwählten", auf brutalstmögliche Weise aus dem Herzen und ersetzen es durch den **Ort der Verfremdung** mit den nicht geliebten Eindringlingen aus dem Nirgendwo und Überall, um uns in gleichem Atemzug auch zu belehren, dass Heimat kein Ort sei!!

Das jedoch über jedes Maß Abartige in diesem Prozedere: Gerade diese „Auserwählten" und „Menschenfreunde" nisten sich doch tatsächlich mit Nachdruck und gleich in Mannschaftsstärke einer Fußballelf genau dort ein, was sie vorsätzlich und nachweislich bei uns zerstören: die **Heimat**, siehe die Umtriebe vom „Menschenfreund" **G. Soros** und Kollegen. So finden sie sich denn ein in der Sektion Heimat vom Innenministerium, um auch dort alles unter Kontrolle zu haben.

Schaut man dann noch genauer hin, stellt man fest, dass wir deutschen Steuerzahler die „Abgeordnetenentschädigung" von monatlich **9.542 € plus fette Diäten** dieser abartigen Politiker bezahlen, Politiker, die aber an nichts anderes denken, als uns Deutsche im Rahmen eines Genozids „von seiner schönsten Seite" abzuschaffen – **Alarmstufe 3x Rot!**

---

**Ich weise an dieser Stelle ausdrücklich darauf hin**, dass ich in meinen umfangreichen inoffiziellen Schriften einen sehr harten Frontalangriff gegen diese Täter geführt und wobei ich, den Umständen entsprechend, noch wesentlich deutlicher die Eigenschaften und Ziele dieser „Auserwählten" und „Menschenfreunde" vorgestellt hatte. **Dennoch erhielt ich nach einer Selbstanzeige vom 15.09.2012 (u.a. wegen Volksverhetzung) am 16. August 2013 den Bescheid der Einstellung des Verfahrens gemäß § 170 Abs. 2 StPO. Und das wiederum entspricht einem „kleinen Freispruch", nachzulesen im Internetz.**

---

Und soweit es obenauf noch um die **fremde amerikanisch-englische Sprache** geht …, man hat sie uns in schleichendem Prozess über Jahrzehnte hin in bereits erheblichem Umfang aufgezwungen, einer Boa Constrictor gleich, der Abgottschlange, die uns, dem „Menschenfreund" **G. Soros** entsprechend, sehr lieb umarmt und immer fester drückt, bis uns die Knochen brechen und die Luft ausgeht und sie uns dann als Ganzes verschlingt – fraglos ein Akt mit ebenso dem gewollten Ziel des Genozids an uns Deutschen durch Zerstörung unserer Identität.

Hierzu auch die Erkenntnis des Sprachwissenschaftlers und Philosophen **Hans-Georg Gadamer**, der u.a. in

Heidelberg und dort bis zu seinem Tod in 2002 gelebt und gewirkt hatte: **"Die Sprache prägt die Identität eines Volkes. Sie ist durch nichts zu ersetzen."** – Ist dem noch etwas hinzuzufügen??

Schließlich denke ich beim Thema Sophistik auch an die farbig wabernde Floskel von der **bunten Vielfalt**. – Da klatscht doch gerade der Teufel frenetisch Beifall und lacht gleich so, dass die Hölle bebt. Und er schaut dem babylonischen bunten Treiben mit Begeisterung zu, dort, wo an einem einzigen Ort ein kryptisches Sprachengewirr und stark gegensätzliche Kulturen und Mentalitäten herrschen und wo dazu noch die Sprücheklopfer und ihre Protagonisten wieder mal nur die Vielfalt ihrer Bösartigkeit und Dummheit beweisen (siehe die bereits angesprochene Schwarmdummheit).

Denn bunte Vielfalt lässt sich zwar, von außen betrachtet, schön anschauen, siehe die überbordende Farben- und Formenpracht in Fauna und Flora. **ABER!** – Im Inneren ist es doch nur ein Tarnen und Täuschen, ein Hauen und Stechen und ein Fressen und Gefressenwerden.

Finden wir dasselbe aber nicht ebenso heute in der Welt des Menschen vor mit der auch hier überbordenden babylonischen Freiheit der Triebe, der Meinungen, der gegensätzlichen Mentalitäten, der „Andersdenkenden" und von No-go-Areas? ...und sei deren Freiheit auch noch so falsch und dumm und sogar gefährlich – im Ergebnis somit verhängnisvoll, verhängnisvoll im Letzten auch für alle Völker der Erde. Und ist diese Vielfalt nicht ebenso Grund für die flächendeckende Verbrechenskultur in unserer „Wertegemeinschaft"?

Wenn wir uns dieser unsinnigen und im Ergebnis schauderhaften Globalisierung jedoch widersetzen, droht man uns mit der Keule etwa des wirtschaftlichen Niedergangs, wofür die „Auserwählten" dazu noch alle Macht über die Wall Street haben. Denn dort ist auch das weltweite Zentrum böswilliger Manipulationen und arglistiger Täuschungen, mit den katastrophalen Folgen für alle Völker der Welt.

Dennoch – gesundschrumpfen ist im Gegensatz dazu das Gebot der Stunde, nicht das Aufblähen eines Staates, dessen Regierung das eigene Volk nicht schützen will und auch nicht mehr schützen kann vor der Übernahme durch fremde Völker.

**Gesundschrumpfen** ist so denn gefordert, damit sich dieser Prozess nicht zu einem riesigen Wasserkopf voller Schmutz und Müll, aber ohne Geist und Liebe entwickelt – ein Konstrukt, das irgendwann auch explodiert und uns um die Ohren fliegen und die Luft zum Atmen nehmen wird.

Des Weiteren passt zu dieser verheerenden Fehlentwicklung die schier unbegrenzte Freiheit zur Lüge und zum Betrug und ebenso zum absonderlichen Geschlechterhabitus. Und auch der Mörder ist, wie der Lügner und Betrüger, in unseren Genen verankert – ein Erbe aus der Welt des Tieres.

Somit kommt es allein darauf an, ob ich des Menschen Anlagen fördere oder ausgrenze, ob ich also die guten Eigenschaften oder die dunklen Triebe stark mache oder verhindere!

Das spiegelt sich sehr auffällig in einer Krimiserie des Senders **SAT1** in 2018 wider: „Deception – Magie des Verbrechens", so der Titel.

Magie steckt im Verbrechen, also ein Zauber ... Da bleibt einem die Spucke weg bei solch offener Werbung, Verharmlosung und Bewunderung für das Verbrechen. Denn es ist auch Anreiz für die auf solche Weise gründlich verdummten Ahnungslosen, es den Verbrechern gleich zu tun.

Wollte man jedoch das allein Richtige tun und sagen, um das Verbrechen in den Köpfen der Zuschauer nicht zu fördern, sondern auszugrenzen, dann müsste der Titel heißen: **Deception – das Absurde des Verbrechens**. Denn jedes Verbrechen ist absurd, weil es sich gegen die Menschlichkeit und Menschenwürde des Opfers richtet.

Wenn nun auch noch behauptet wird, Unwissenheit sei die Mutter aller Verbrechen, so ist das wieder mal der Nachweis abgründiger Dummheit. Denn das „Wissen" kann ich mir zwar durch einen Denkprozess erwerben, also durch das Erkennen, dem eine richtige Erkenntnis folgt, sodass ich zum Wissenden werde. Andererseits gibt es jedoch auch das „Wissen", das ich durch falsche Informationen etwa in der Umerziehung erworben habe, sodass ich lediglich zum bedauernswerten Verdummten, aber nie zu einem Wissenden im Denken werde.

Somit ist diese Phrase von der Unwissenheit als Mutter aller Verbrechen aber auch wieder der erbärmliche Versuch, meiner Erkenntnis zu widersprechen, der Erkenntnis, **dass die Mutter aller Verbrechen allein die Sexualität ist**, genauer: die reine Sexualität ohne Liebe, wie wir sie aus der Welt des Tieres geerbt haben. Das habe ich einwandfrei und unwiderlegbar hergeleitet im Kapitel **Das wandelnde Durchdringen** in Band 2.

Und weil in unserer „Wertegemeinschaft" Sexualität ohne Liebe von den Medien zum Erbrechen gefördert und verherrlicht wird, haben wir nachweislich eine Kultur des Verbrechens, und nach den Worten des emeritierten Papstes Benedikt XVI. ist es eine **Kultur des Todes**.

Aber weiter zur bunten Vielfalt: Die Geschichte der Evolution lehrt uns etwas ganz anderes: Der Beginn von etwas Neuem geschieht nur durch einen engen Geburtskanal, wie auch das Neugeborene durch die Enge der weiblichen Vagina kommt. Und ebenso ist der moderne Mensch vor Millionen Jahren aus einem einzigen Primaten hervorgekommen.

Daher erfolgt in gleicher Weise **aus nur einer einzigen richtigen Erkenntnis** die Geburt der ganz neuen Dimension in Sein und Zeit: die Gottheit – eine Gottheit, die darüber hinaus wegen der unübersehbaren menschlichen Katastrophen im Jetzt so unerlässlich ist wie nie zuvor.

Für diese Geburt des Neuen brauchen wir so denn keineswegs eine bunte Vielfalt der Triebe und (falschen) Meinungen und nicht die uns dabei aufgezwungene Sorge und Kümmernis um das überaus tragische Leiden in der Welt.

Die Problematik babylonischer Vielfalt, sie verzögert vielmehr und unverkennbar, und letztlich sogar erheblich, den evolutionären Fortschritt in die bessere Welt, in der es den schrägen Kampf ums Überleben und also das Tarnen und Täuschen, das Hauen und Stechen und das Fressen und Gefressenwerden nicht mehr gibt. **Und auch dort erst lässt der Mensch die Welt des Tieres hinter sich.**

Und soweit es um die falschen und freien Meinungen geht, dazu hatte der Schauspieler **Clint Eastwood** in einem seiner Filme als Dirty Harry den Nagel auf den Kopf getroffen: „Meinungen sind wie Arschlöcher, jeder hat eins." (Pardon, das ist nicht meine Sprache, aber es passt nun mal genau zu meiner eigenen Erkenntnis.)
Um so den Missbrauch des Wortes, der Begriffe, auf einen Nenner zu bringen: Das, was wir in unserer Welt vorfinden, ist allein der **Kampf zwischen Gut und Böse.**

Sie kontern mir damit, dass auch die Nazis so gesprochen haben? – Ach nee, man glaubt es kaum: Die Nazis haben auch mit Messer, Gabel und Löffel gegessen! Sollen wir nun deswegen wieder, wie schon vor langer Zeit, mit den Fingern das Fleisch unserer Mahlzeit zerreißen und stückweise in den Mund schieben und die Suppe aus der Terrine schlürfen, nur weil es die Nazis so gemacht haben: das Essen mit Messer und Gabel ...??

Und die Nazis haben auch über die menschliche Sprache kommuniziert. Sollen wir uns nun etwa nur noch über Gebärdensprache unterhalten, nur weil die Nazis auch die menschliche Sprache beherrscht und angewandt haben??

Die logische Folgerung: In des Menschen Welt ist allein der **Widerstand gegen die <u>Ursache</u>** gefordert, die Ursache für Verbrechen, für das Zündeln von Bürgerkrieg, Krieg, Völkerwanderung und Völkermord und sodann die Hilfe vor Ort, nicht aber das Hinaustragen des Elends und der Schlachten in alle Welt, sondern ein Leben in der Maxime deutscher Tugenden, von denen die Liebe die Höchste ist.

Wie jedoch im Fall Einstein, wo dessen Fürsprecher und Epigonen auch heute noch und trotz einwandfreier Widerlegung seiner Thesen diesen dennoch unverändert hinterherhecheln, so hecheln auch unsere Politiker der Altparteien und die Journaille, total erblindet, den Vorgaben der Begriffswelt ihrer Protagonisten und Einflüsterer hinterher: denen von falschen Meinungen, von falscher Freiheit, von falschem Frieden, von falscher Demokratie, von falschem Rechtsstaat, von falschem Rassismus, von falscher Humanität, von falscher Toleranz, von falscher Heimat ...

Es ist eine Begriffswelt ohne Sinn und Verstand, die sie bei der Umerziehung jedoch unkritisch übernommen haben. Und nicht erst heute zeugt das von einer abgründigen Blockade im Hirn, von einer Missachtung der Menschenwürde und Menschlichkeit, so denn der Humanität.

Und wer trotz allem dem „Mainstream" der selbst ernannten „Eliten" und „Auserwählten" in der Politik und den Medien folgt, die uns notorisch aus teils naiver Unkenntnis, aber überwiegend böswillig wissentlich so auch nur die falschen Ursachen mit einer geradezu Schwindel erregenden Befreierarroganz vortäuschen ..., eine Volksweisheit bringt die Zustände unserer Gegenwart auf den Punkt:

„Wer immer mit dem Strom schwimmt, erreicht niemals die Quelle" und erkennt niemals die Verursacher der katastrophalen Zustände in unserer Welt und Gegenwart.

Statt der bunten Vielfalt ist somit ein einziger Strang gefordert, den alle Völker der Welt einmütig kultivieren und festigen, zum Wohle des Einzelnen und zum Erhalt der gesamten Menschheit auch in der Zukunft.

Denn erst dort wird der Mensch in Freiheit, im Frieden und Wohlgefallen und mit Freuden leben – im Paradies auf Erden, dort, wo „Alle Menschen werden Brüder", ob schwarz oder weiß und über auch alle Grenzen und Religionen hinweg – siehe **Ludwig van Beethovens Hymne an die Freude, den schönen Götterfunken.**

Ein **Nachtrag** vom 7. Oktober 2018:
In der Sendereihe **Terra X** des **ZDF** mit dem Titel **Faszination Universum – Der Urknall, das Rätsel des Anfangs** gab es heute eine schauderhafte Folge mit dem Moderator **Professor Harald Lesch**.

Es war eine Folge, die sich ganz in die jämmerlichen Versuche einreihte, meinen Erkenntnissen zu Raum und Zeit zu widersprechen. Damit verdient auch die Wissenschaft, wie ebenso die Medien und Politik mit ihrer Frontfrau Merkel, das Prädikat **Primitivissima**.

Denn es wird mit immer demselben Schwachsinn aller nur möglicher Unfug verbreitet, um z.B. hier eine ganz andere Perspektive auf das zu eröffnen, was in Sachen Urknall und in der *Zeit davor geschah, ohne aber jegliches Verständnis für Raum und Zeit.

Das steht somit auch ganz auf der Stufe von Merkels „Weiterso". Der Unterschied: Merkel kann nichts dafür. Sie ist mit einem Intelligenzdefekt geboren und hat daher einen Riss in der Platte, womit sich aller Humbug ihres Redens immer und immer und immer wiederholt.

Aber Sie, lieber Proff? Meinen Sie nicht, dass es Ihrem Ansehen als Wissenschaftler schaden könnte, wenn Sie sich zum Affen machen lassen und auf diese Weise als Frontmann der Redaktion an den neuralgischen Punkten der Doku nur das verbreiten, was die hirnlosen Redakteure für Sie aus ihrem Bauch heraus gewürgt haben, sodass es offenbar ohne Ihr eigenes Denken geschah??

Nicht ein einziges Wort zur **Quantennatur** als Urkraft und somit auch als Impuls für den Urknall und überhaupt für alles Geschehen auf der Welt habe ich gehört, dafür jedoch den notorischen Anachronismus in Sachen Einstein, der als „Superstar" überall seinen Senf dazugeben darf. Und so auch ihre Anmerkung in Sachen Bibel: „Es werde Licht! Und es ward Licht."

Aber damit nicht genug. Sie zitieren auch einen weiteren der biblisch Auserwählten, den angeblich „genialen" Science-Fiction-Autor **Douglas Noël Adams**, von ihm stammt die Satire-Serie „Per Anhalter durch die Galaxis": „Wenn irgendwer herausfindet, wozu das Universum da ist oder warum es da ist, dann wird es auf der Stelle verschwinden und durch etwas Bizarreres und Unbegreiflicheres ersetzt." - Hahaha! Haben Sie denn nicht gemerkt, dass Sie einem Satiriker aufgesessen sind?

Ansonsten haben Adams Fantasien dieselbe Qualität wie Einsteins eigenwillige Vorstellungen zu Raum und Zeit, Vorstellungen, die allen Naturgesetzen den Garaus machen.

Und sie sind vergleichbar mit denselben wüsten und wilden Fantasien, wie ich sie im **Band 2 auf Seite 55** erwähnt habe. Es geht dort um einen anderen und ebenso erbärmlichen Versuch, meinen Erkenntnissen zu widersprechen, mit der in der Tat aberwitzigen Behauptung, wonach der Mensch, von seinem Körper befreit, nur noch als digitales Geistwesen durchs Weltall schweben und so die Unsterblichkeit erringen wird.

Wachen Sie auf, lieber Profft! Oder merken Sie nicht, welch begnadeten Dummköpfen von Einstein bis Adams Sie das Wort reden? Oder wollen Sie die Serie **Terra X** lediglich zur Lachnummer machen??